예 문 [1]

개정판

성례, 혼례, 장례 및 추도, 가정의례

기독교대한감리회

발 간 사

제26회 총회 입법의회에서 우리 감리교회의 공적 예문을 새롭게 개정하여 편찬하게 된 일을 크게 기뻐하며, 모든 예배를 받으실 하나님께 영광 돌립니다.

예배는 하나님이 인간에게 가까이 오시고, 구원하시는 거룩한 상징입니다. 이것은 하나님의 은혜를 인간에게 전달하는 방법이요, 은혜의 수단과 통로가 됩니다. 성례는 예수님께서 제정하시고 명하신 거룩한 예식이며, 교회가 오랫동안 행해 온 전통입니다.

우리 감리교회는 존 웨슬리의 전통에 따라 위로는 하나님을 향해 진실하고, 경건하며, 격식을 갖춘 고상한 예배로 영적 깊이를 더하였고, 아래로는 이웃과 세상에 위로와 진리를 전함으로써 하나님의 사랑을 넓혀왔습니다. 예나 지금이나 예배는 "신령과 진정으로" 드릴 뿐 아니라, 오늘을 사는 예배자들의 가장 맑고 절제된 언어로 이루어져야 합니다.

감리교회는 오랫동안 예배를 연구하고 정리하여, 현장에서 쉽게 이용할 수 있도록 예배서와 예문집을 제공해 왔습니다. 이러한 과정을 거쳐 온 감리교회가 일치된 말과 고백으로 하나님을 섬기고, 감리교인으로서의 자긍심을 갖게 하는데 예문연구위원회가 기여해 주심을 감사합니다. 앞으로 새 「예문」으로 더욱 존귀하신 하나님을 예배하고, 이를 통해 감동이 넘치는 삶이 연출되기를 희망합니다.

「예문」을 편찬하신 총회 예문연구위원회 위원장 전용호 목사님과 모든 위원 여러분의 수고에 깊이 감사합니다.

2006년 3월

기독교대한감리회 감독회장 신 경 하

머 리 말

우리 한국감리교회는 예배 역사 1세기를 넘기면서 예배의 역사적 전통이나 예배 신학 그리고 우리 문화를 바탕으로 한 회중의 신앙과 영성이 반영된 새로운 예배서가 필요한 현실이었습니다. 그리고 우리 삶을 예배로 연접시킬 수 있는 교회력에 따른 절기, 일반기념일, 각종 예식의 목적과 정신이 담긴 새로운 예문의 발간을 기대해 왔습니다. 이러한 요구에 부응하여 기독교대한감리회 선교국 산하의 '신앙과 직제위원회'에서는 위원장 고흥배 목사 외 13명의 위원들(가흥순 목사, 고수철 목사, 김남철 목사, 김준형 목사, 박종욱 목사, 백구영 목사, 신문구 목사, 안희선 목사, 유승훈 목사, 이보철 목사, 이송관 목사, 한연수 장로, 황문찬 목사)과 감리교회 내 3개 신학대학교 예배학 교수들(김외식 총장, 박은규 교수, 나형석 학장, 남호 교수)이 함께 모여 「새 예배서」를 발간하기로 결정하고 2년 6개월 동안의 연구를 거쳐 2001년 제24회 총회입법의회의 결의에 따라 「새 예배서」를 발간하였습니다.

이는 우리 한국감리교회의 역사상 매우 뜻 깊은 일이며, 예배를 집례하는 모든 교역자에게 현실적으로 신선한 도움이 되었으리라 생각합니다. 특별히 「새 예배서」는 예배신학적인 견고한 토대 위에 완성되었기 때문에 한국교회 예배학의 새로운 전기를 마련하는 데도 큰 기여를 한 것으로 평가됩니다.

이러한 대내외적인 좋은 반응과 함께, 제25회 총회입법의회 '예문연구위원회'에서는 기존의 「새 예배서」에서 발견된 부족한 부분들을 보완하여 더욱 발전된 내용의 「예문」을 발행하기로 결의하였습니다. 왜냐하면 「새 예배서」는 내용과 구성에 신학적인 의미가 풍부히 담긴 장점이 있었음에도 불구하고, 일선교회 목회자들이 예식을 집례하기에는 다소간의 불편함이 있었기 때문입니다. 즉 목회자들이 예식을 집례할 때에 편리하게 사용할 수 있도록 단권으로 만들어 주었으면 하는 요청이 끊임없이 있었습니다. 또한 여러 위원들이 「새 예배서」의 예문들을 집필하여 각 예문의 구조와 문체, 용어에 많은 차이점이 나타나, 통일성 있는 수정·보완 작업의 필요성이 제기되었던 것입니다.

따라서 25회 입법의회 예문연구위원회는 「새 예배서」의 신학부분은 그대로 두고 예문만을 수정·보완하여 단권의 책으로 다시 발간하자는 결의에 따라, 편집을 위임 받은 예문연구위원회 서기 가흥순 목사(인천 여명교회)가 기존의 「새 예배서」의 신학과 내용을 충분히 반영하여 수정·보완의 작업을 완료하였고, 3개 신학대학교 예배학 교수들에게 감수를 받고, 장정개정위원회(위원장 : 신동일 감독)의 심의를 통과하였습니다. 그리고 「예문」의 구성은 예문 1(성례, 혼례, 장례 및 추도, 가정의례 등의 담임교역자용 예문)과 예문 2(안수 및 허입, 취임, 이임, 은퇴, 파송, 임명, 기공 및 봉헌, 교회 설립 등의 공적예식용 예문)로 구분·편집하여 발간하자는 2005년 제26회 총회입법의회의 결의를 거쳐서 이 예문을 출간하게 되었습니다.

본 「예문」은 종전에 사용해 왔던 「예문」(1992년 발간)과 「새 예배서」(2002년 발간)를 참고하였고, 새로운 요청과 필요에 따라 성례뿐 아니라 관혼상제와 관련된 모든 그리스도교 예식을 포함시켰습니다.

이 「예문」을 통하여 우리 감리교회가 더욱 성숙하고 질서 있는 예식을 진행할 수 있기를 바라며, 그동안 「예문」 편찬 작업에 깊은 관심을 보여 주신 모든 분과 이 작업에 참여한 모든 위원에게 감사드립니다.

이 「예문」을 사용하는 모든 교회마다 하나님의 은혜가 충만하기를 바라며 하나님께는 큰 영광이 되기를 기원합니다.

제25회 총회 입법의회
예문연구위원회

위원장 전 용 호 목사

이 「예문」은 기독교대한감리회 「새 예배서」의 발간(2002년 4월) 이후, 목회현장의 현실적인 요청에 따라 기존의 「새 예배서」를 수정·보완하여 발간하는 것입니다.

그러므로 예배와 예식을 집례하는 교역자들이 이 「예문」을 효과적으로 사용할 수 있게 하기 위하여, 어떤 기준과 원칙에 따라 작업이 이루어졌는지 그에 대한 안내와 지침을 다음과 같이 밝힙니다.

첫째, 「새 예배서」에 나타난 예배 신학과 예식 정신을 유지하되, 교역자들의 실제적인 요청에 의하여 불가피하게 수정되어야 할 부분들을 수정·보완하였습니다. 이에 따라 「새 예배서」의 신학부분(예식해설)은 수정하지 않았고, 예문만 수정하는 것을 원칙으로 하였습니다.

둘째, 목회자들이 실제 예식을 집례할 때에 편리하게 사용하기 위하여, 예문 1(성례, 혼례, 장례 및 추도, 가정의례 등의 담임교역자용 예문을 수록)과 예문 2(안수 및 허입, 취임, 이임, 은퇴, 파송, 임명, 기공 및 봉헌, 교회설립 등의 공적예식용 예문을 수록) 두 권으로 구분하여 제작하였습니다.

셋째, 기존의 「새 예배서」에는 누락되었으나 목회현장에서 실제로 필요한 예문들을 첨가하였습니다. 따라서 성례의 약식 성만찬예문, 병상세례 및 성만찬예문, 장례의 조문예식, 납골예식, 이장예식, 명절추도예식,

6

교회임원 임명예식, 교육관 봉헌예식, 목사관 봉헌예식, 교회설립예식 등의 예문들을 제시하였습니다.

넷째, 교역자들이 예식을 더욱 의미 있게 집례하고, 「예문」을 효과적으로 활용할 수 있도록 기존의 「새 예배서」를 보강하였습니다. 이에 따라 「새 예배서」보다 더 상세하게 루브릭(rubric)을 제시하여, 예식 진행에 실제적인 안내와 설명이 될 수 있도록 하였습니다. 또한 예문의 순서를 조정함에 있어서 실제 예식의 진행을 염두에 두고 현실감 있게 구성하였는데, 실제로 잘 하지 않는 순서들(예를 들면, 송영, 불필요한 인사말 등)은 과감히 생략하였습니다.

다섯째, 예문의 문체와 용어의 통일성을 기하였고, 예식문과 기도문도 대폭 수정·보완하려고 노력하였습니다. 그리고 「새 예배서」에서처럼 여러 개의 성경본문을 제시하지 않았고, 그 예식의 성격에 맞는 하나의 성경본문만을 기재하였습니다(단, 또 다른 유사내용의 본문들은 참고적으로 성경 장, 절만 표기하였습니다.). 또한 「새 예배서」에서처럼 예식 기도문을 여러 가지로 제시하지 않았고, 하나의 기도문으로 일목요연하게 정리하였습니다. 그리고 무엇보다도 본 「예문」은 표준예식의 모범을 제공하는 것이므로, 일선 교회의 교역자들은 본 「예문」에 나타난 예식순서와 기도문을 개 교회의 상황과 여건에 따라 보완·가감하여 사용하기 바랍니다.

여섯째, 본 「예문」의 특색은 우리 감리교회의 신학에 근거하여 다양한 예식들을 제시합니다. 예컨대, 세례예식에서는 유아세례, 아동세례, 성인세례 등을 구분하여 다루며, 청소년을 포함한 여러 연령층의 세례를 함께 베풀 경우의 예식과 병상·임종에서와 같이 긴급한 경우에 간략하

7

게 세례와 성만찬을 행할 수 있는 예식 등을 별도로 제공합니다. 이처럼 본 「예문」에서는 여러 경우에 이용될 수 있는 예식문을 개발하여 제시하기 때문에, 여러 가지 다양한 상황 속에도 원활하게 예식을 진행할 수 있을 것입니다. 그리고 시대의 흐름에 맞추어 결혼예식에는 국제결혼예식과 결혼기념예식이 포함되었고, 교회 공적인 예식들(안수 및 허입예식, 취임예식, 이임예식, 은퇴예식, 파송예식, 임명예식, 기공 및 봉헌예식, 교회설립예식)은 그 의미를 충분히 살리는 차원에서 현장의 정황을 최대한 고려하여 수정하였습니다. 이러한 예식들은 감리교회의 「예문」이 변화하는 새로운 시대의 다양한 상황들을 인식하며, 그러한 경우마다 예식을 통하여 회중에게 하나님의 은혜를 전달하려는 노력을 기울이고 있음을 보여 주는 것입니다.

일곱째, 공식적으로 사용하는 성경번역본은 '개역개정판' 성경에 준합니다. 이는 기성교회가 쓰기에는 불편함이 있겠지만, 다음 세대를 위해서라도 개역개정판을 사용해야 한다는 책임감 때문입니다.

마지막으로, 용어사용에서도 틀린 용어는 바르게, 어려운 용어는 쉽게, 여러 개로 혼동하여 쓰는 용어는 하나의 용어로 통일하였으며, 뜻도 모르고 단순히 형식적인 기호로만 쓰던 용어들은 쉽게 풀어서 분명히 이해하며 사용하게 하였습니다.

이처럼 바람직한 예배용어의 사용을 위하여 다음과 같이 통일의 준칙을 정하였습니다.

1) '목회자' 는 목사에게만, '교역자' 는 목사와 전도사를 함께 지칭할 때 쓴다.

2) 예배나 예식의 진행은 '집례' 로, 회갑, 생일 등 교역자가 아니라도

8

진행을 맡아볼 수 있는 경우는 '인도'로 구별하여 쓴다.

3) '헌금' 또는 '헌금기도'는 '봉헌'과 '봉헌기도'로 통일한다. 참된 봉헌은 단순히 물질만 드리는 것이 아니라, 시간, 물질, 생명 등 우리가 가진 모든 것을 산 제사의 의미로 하나님께 드리는 것이기 때문이다.

4) '주기도문'은 '주님이 가르치신 기도'로, 짧게 사용할 필요가 있을 때는 '주님의 기도'로 표기한다.

5) '설교' 또는 '말씀선포' 중 어느 하나를 사용할 수 있다.

6) '성가대'는 '찬양대'로 부른다.

7) 공식명칭은 '기독교대한감리회'로 하되, '감리회'만 별도로 사용할 때는 '감리교회'라고 표기한다.

이제 이 「예문」이 새로운 세기를 맞이하는 우리 감리교회의 시대적 소명에 부응하여 모든 교역자에게 유용한 지침서가 되기를 바라며, 「예문」이 발간되기까지 많은 관심과 성원을 보내 주신 신경하 감독회장님과 기독교대한감리회 선교국, 선교국 산하의 신앙과 직제위원 여러분, 출판을 담당한 출판국 모든 분에게 깊은 감사를 드립니다.

이 「예문」을 사용하는 모든 분에게 하나님의 은총이 함께 함께하시기를 기원합니다.

집필 대표 가 홍 순 목사

예문
1

예 문 [2]

I. 성례

유아세례예식

(유아세례는 「교리와 장정」 제3편 제2장 제2절 (103) 제3조에 의거하여 1세부터 5세까지로 한다.)

집례 : 담임목사

세례 받을 유아(들) 호명 / 집례자
(세례 받을 유아들의 이름을 불러, 부모나 보호자가 세례 받을 유아를 데리고 앞으로 나오게 한다.)

예식사 / 집례자
　사랑하는 성도 여러분, 이제 예수 그리스도의 명령에 따라 유아세례를 행하고자 합니다. 어린이들을 사랑하시는 예수님께서는 어린이들도 하나님 나라의 백성이 될 수 있음을 가르쳐 주셨습니다. 이는 하나님의 크신 은혜입니다. 이 시간 하나님의 은혜와 평강이 세례 받는 어린이와(들과) 부모와 보호자들과 성도와 하나님의 거룩한 교회 위에 함께하기를 기도합시다.

기 도 / 집례자
　자비하신 하나님 아버지,
　성도의 가정에 귀한 자녀를 보내 주시고,

부모의 믿음을 통하여 그들을 하나님께로 인도해 주시니
감사합니다.
이제 거룩한 세례를 받기 위하여 주님 앞에 나온 어린이를(들을)
받아 주셔서,
저들의 죄를 용서하시며 거듭나게 하옵소서.
또한 우리가 머리 숙여 간구하오니,
우리 모두 세례를 통하여
하나님께서 베풀어 주시는 영원한 복을 즐거워하며,
주님께서 약속하신 영생에 이르게 하옵소서.
우리 주 예수 그리스도의 이름으로 기도합니다. 아멘.

신앙의 확증을 위한 문답 / 집례자와 세례 받을 유아(들)의 부모 혹
은 보호자

(집례자가 유아(들)의 부모(들) 혹은 보호자(들)에게 묻는다. 집례자의 질
문에 대하여 '아멘'으로 응답하여 문답의 통일을 이루거나, 상황에 맞게
응답하게 할 수 있다.)

집　　례　　자 : 이제 교회를 대신하여 어린이(들)의 부모(혹
　　　　　　　　은 보호자)에게 묻겠습니다. 사랑하는 이(들
　　　　　　　　이)여, 당신(여러분)이 어린이를(들을) 데리고
　　　　　　　　세례를 받게 하려고 나왔으니 하나님과 모
　　　　　　　　든 성도 앞에서 진실하게 대답하시기 바랍
　　　　　　　　니다.

(문1) 집   례   자 : 당신(여러분)은 이 어린이(들)에게 세례를 베풂에 있어서, 예수 그리스도께서 우리의 구세주가 되심을 믿습니까?

부모(들 혹은 보호자들) : 아멘.(혹은 "예, 믿습니다."로 대답한다.)

(문2) 집   례   자 : 당신(여러분)은 이 어린이(들)에게 세례의 의미를 가르치며, 성경을 읽고, 기도하며 예배에 참여하는 것과 그리스도인의 생활에 대하여 가르치시겠습니까?

부모(들 혹은 보호자들) : 아멘.(혹은 "예, 가르치겠습니다."로 대답한다.)

(문3) 집   례   자 : 당신(여러분)은 이 어린이(들)에게 신앙의 모범을 보이며, 그를(들을) 믿음으로 양육하여 하나님의 자녀 된 삶을 살아가도록 인도하시겠습니까?

부모(들 혹은 보호자들) : 아멘.(혹은 "예, 인도하겠습니다."로 대답한다.)

(문4) 집   례   자 : 당신(여러분)은 이 어린이가(들이) 예수 그리스도를 영접하고 거듭나서, 거룩한 교회의 성도가 될 때까지 교회의 가르침과 지도를 받을 수 있도록 인도하시겠습니까?

부모(들 혹은 보호자들) : 아멘.(혹은 "예, 인도하겠습니다."로 대답한다.)

신앙고백(사도신경) / 다함께

집례자 : 이제 우리 다함께 사도신경으로 신앙을 고백합시다.

다함께 : 전능하사 천지를 만드신……

성경봉독(마가복음 10:13~16) / 집례자

    사람들이 예수께서 만져 주심을 바라고 어린 아이들을 데리고 오매 제자들이 꾸짖거늘 예수께서 보시고 노하시어 이르시되 어린 아이들이 내게 오는 것을 용납하고 금하지 말라 하나님의 나라가 이런 자의 것이니라 내가 진실로 너희에게 이르노니 누구든지 하나님의 나라를 어린 아이와 같이 받들지 않는 자는 결단코 그 곳에 들어가지 못하리라 하시고 그 어린 아이들을 안고 그들 위에 안수하시고 축복하시니라

    (참고 / 마태복음 18:10)

세례 물에 대한 성결의 기도 / 집례자

(모든 회중이 볼 수 있도록 세례 대에 물을 부어 넣은 후에, 다음과 같이 기도한다.)

    천지와 만물을 창조하신 하나님 아버지,

    성례를 위하여 우리에게 이 물을 주시니 감사합니다.

    태초에 하나님의 거룩한 영이 흑암의 수면 위를 운행하시고,

    빛을 창조하셨습니다.

    노아의 때에는 방주를 통해 물속에서 구원해 주시고,

    애굽에서 종살이하던 주님의 백성을

    홍해의 물을 갈라 구원하셨으며,

    요단 물을 건너게 하심으로 약속의 땅으로 인도해 주셨습니다.

    예수님께서는 물과 성령으로 세례를 받으시고,

    제자들을 부르사

    세례를 통해 그리스도의 죽으심과 부활에 연합하게 하셨으며,

모든 나라 백성을 그리스도의 제자로 삼아 주셨습니다.
이제 하나님께서 이 물을 성별하옵소서.
성령의 능력이 이 물 위에 임하셔서
세례 받는 이들의 죄를 씻어 주시고, 새 사람으로 변화시켜 주사,
부활하신 예수 그리스도와 함께,
영원히 살게 하옵소서.
우리를 죄와 죽음에서 구원하신
예수 그리스도의 이름으로 기도합니다. 아멘.

세 례 / 집례자

(세례의 방법은 물을 뿌리는(sprinkling) 방식을 사용한다. 부모가 유아를 안고 서 있는 자세에서, 집례자는 성부 성자 성령의 이름으로 유아의 머리 위에 세 번 물을 뿌린다. 이때에 집례자는 '성부와' 라고 말하면서 물을 찍어 머리 위에 뿌리고, '성자와' 라고 말하면서 다시 물을 찍어 머리 위에 뿌린 후에, '성령의 이름으로' 라고 말하면서 물을 찍어 머리 위에 뿌린다.)

집례자 : ○○○, 내가 성부와 성자와 성령의 이름으로 세례를 주노라.

회 중 : 아멘.

안 수 / 집례자

(집례자가 세례 받는 아이를 위하여, 머리 위에 손을 얹고 간단하게 축복의 기도를 한다.)

주님의 기도 / 다함께

(주님의 기도를 암송하거나, 혹은 찬양으로 할 수도 있다.)

기 도 / 집례자

거룩하신 하나님 아버지,

오늘 주님 앞에 나온 어린이(들)에게 세례를 베풀어 주심으로

하나님의 은혜와 사랑을 나타내 주심을 감사합니다.

이제 세례를 받은 어린이(들)에게 성령께서 항상 함께 해 주셔서,

저가(저들이) 예수 그리스도의 은혜와 지식 안에서 자라게 하시고,

오직 하나님을 경외함으로 영생에 이르게 하옵소서.

또한 모든 위험에서 지켜 주시고,

죄의 유혹에 넘어지지 않게 하시며,

영육이 강건한 믿음으로 성장하게 하옵소서.

또한 이 어린이(들)의 부모(보호자)에게도 은혜를 베푸사

사랑으로 돌보며 믿음의 모범을 보임으로,

기쁨과 평화가 넘치는 가정천국을 이루게 하옵소서.

우리 주 예수 그리스도의 이름으로 기도합니다. 아멘.

회중의 세례갱신과 위탁 / 집례자와 회중

(회중을 일어서게 하여 다음과 같이 문답한다. 집례자의 질문에 대하여 '아멘'으로 응답하여 문답의 통일을 이루거나, 상황에 맞게 응답하게 할 수 있다.)

집례자 : 사랑하는 성도 여러분, 문답을 위하여 잠시 자리에서 일어
　　　　서서, 묻는 질문에 '아멘'으로 대답하시기 바랍니다.

집례자 : 여러분은 그리스도의 몸 된 교회의 지체로서, 죄를 멀리하고 그리스도께서 주신 사명을 잘 감당해야 함을 다시금 확신합니까?

회　중 : 아멘.(혹은 "예, 확신합니다."로 대답한다.)

집례자 : 저는 여러분에게 오늘 우리 교회의 한 가족이 된 이 어린이를(들을) 기도로 돕고 사랑으로 돌보아 줄 것을 권면합니다. 한 믿음과 한 소망 안에서 이 어린이를(들을) 사랑하고, 격려하며, 후원함으로써 이들이 믿음의 장성한 분량에 이르도록 인도하시겠습니까?

회　중 : 아멘.(혹은 "예, 인도하겠습니다."로 대답한다.)

공 포 / 집례자

이 어린이는(들은) 오늘 거룩한 세례를 받고 우리 ○○교회의 세례아동이 되었음을 공포합니다. 성도 여러분께서는 박수로 환영하시기를 바랍니다.

(집례자의 공포 후에 부모(보호자)는 회중에게 인사하고, 유아를 데리고 자리로 돌아간다.)

아동세례예식

(아동세례는 「교리와 장정」 제3편 제2장 제2절 (103) 제3조에 의거하여 6세부터 12세까지로 한다.)

집례 : 담임목사

세례 받을 어린이(들) 호명 / 집례자
(세례 받을 어린이의 이름을 불러 앞에 나와 서게 한다.)

예식사 / 집례자
　사랑하는 성도 여러분, 이제 예수 그리스도의 명령에 따라 아동세례를 행하고자 합니다. 어린이들을 사랑하시는 예수님께서는 어린이들도 하나님 나라의 백성이 될 수 있음을 가르쳐 주셨습니다. 이는 하나님의 크신 은혜입니다. 이 시간 하나님의 은혜와 평강이 세례 받는 어린이와(들과) 부모와 보호자들과 성도와 하나님의 거룩한 교회 위에 함께하기를 기도합시다.

기　도 / 집례자
　어린이를 사랑하시고 복을 주시는 하나님 아버지,
　이제 거룩한 세례를 받기 위하여
　주님 앞에 나온 이 어린이를(들을) 받아 주셔서,

저들의 죄를 씻어 주시고 물과 성령으로 거듭나게 하옵소서.

이제 머리 숙여 간구하오니,

우리 모두 세례를 통하여 베풀어 주시는 영원한 복을 즐거워하며,

주님께서 약속하신 영생에 이르게 하여 주옵소서.

우리 주 예수 그리스도의 이름으로 기도합니다. 아멘.

신앙의 확증을 위한 문답 / 집례자와 세례 받을 어린이(들)

(집례자가 세례 받을 어린이(들)에게 묻는다. 집례자의 질문에 대하여 '아멘'으로 응답하여 문답의 통일을 이루거나, 상황에 맞게 응답하게 할 수도 있다.)

집　　례　　자 : 이제 교회를 대신하여 어린이(들)에게 묻습니다. 어린이는(여러분은) 하나님과 모든 성도 앞에서 진실하게 대답하시기 바랍니다.

(문1) 집　례　자 : 어린이는(여러분은) 예수님께서 우리를 구원하신 구세주이심을 믿습니까?

세례 받을 어린이(들) : 아멘.(혹은 "예, 믿습니다."로 대답한다.)

(문2) 집　례　자 : 어린이는(여러분은) 예수님을 영접하고, 앞으로 주님만을 섬기며 살아갈 것을 결심하였습니까?

세례 받을 어린이(들) : 아멘.(혹은 "예, 결심하였습니다."로 대답한다.)

(문3) 집　례　자 : 어린이는(여러분은) 하나님의 뜻에 따라 예배와 기도생활에 힘쓰며, 교회의 가르침과 지

도에 순종하겠습니까?

세례 받을 어린이(들) : 아멘.(혹은 "예, 순종하겠습니다."로 대답한다.)

신앙고백(사도신경) / 다함께

집례자 : 이제 우리 다함께 사도신경으로 신앙을 고백합시다.

다함께 : 전능하사 천지를 만드신…….

성경봉독(마가복음 10:13~16) / 집례자

　사람들이 예수께서 만져 주심을 바라고 어린 아이들을 데리고 오매 제자들이 꾸짖거늘 예수께서 보시고 노하시어 이르시되 어린 아이들이 내게 오는 것을 용납하고 금하지 말라 하나님의 나라가 이런 자의 것이니라 내가 진실로 너희에게 이르노니 누구든지 하나님의 나라를 어린 아이와 같이 받들지 않는 자는 결단코 그 곳에 들어가지 못하리라 하시고 그 어린 아이들을 안고 그들 위에 안수하시고 축복하시니라

　(참고 / 마태복음 18:10)

세례 물에 대한 성결의 기도 / 집례자

(모든 회중이 볼 수 있도록 세례 대에 물을 부어 넣은 후에, 다음과 같이 기도한다.)

　천지와 만물을 창조하신 하나님 아버지,

　성례를 위하여 우리에게 이 물을 주시니 감사합니다.

　태초에 하나님의 거룩한 영이 흑암의 수면 위를 운행하시고,

　빛을 창조하셨습니다.

노아의 때에는 방주를 통해 물속에서 구원해 주시고,
애굽에서 종살이하던 주님의 백성을
홍해의 물을 갈라 구원하셨으며,
요단 물을 건너게 하심으로 약속의 땅으로 인도해 주셨습니다.
예수님께서는 물과 성령으로 세례를 받으시고,
제자들을 부르사 세례를 통해 그리스도의 죽으심과 부활에 연합
하게 하셨으며,
모든 나라 백성을 그리스도의 제자로 삼아 주셨습니다.
이제 하나님께서 이 물을 성별하옵소서.
성령의 능력이 이 물 위에 임하셔서
세례 받는 이들의 죄를 씻어 주시고,
새 사람으로 변화시켜 주사,
부활하신 예수 그리스도와 함께, 영원히 살게 하옵소서.
우리를 죄와 죽음에서 구원하신
예수 그리스도의 이름으로 기도합니다. 아멘.

세 례 / 집례자

(세례의 방법은 물을 뿌리는(sprinkling) 방식을 사용한다. 집례자는 성부 성자 성령의 이름으로 아동의 머리 위에 세 번 물을 뿌린다. 이때에 집례자는 '성부와' 라고 말하면서 물을 찍어 머리 위에 뿌리고, '성자와' 라고 말하면서 다시 물을 찍어 머리 위에 뿌린 후에, '성령의 이름으로' 라고 말하면서 물을 찍어 머리 위에 뿌린다.)

집례자 : ○ ○ ○, 내가 성부와 성자와 성령의 이름으로 세례를 주

노라.

회　중 : 아멘.

안　수 / 집례자

(집례자가 세례 받는 아동을 위하여, 머리 위에 손을 얹고 간단하게 축복의 기도를 한다.)

주님의 기도 / 다함께

(주님의 기도를 암송하거나, 혹은 찬양으로 할 수도 있다.)

기　도 / 집례자

거룩하신 하나님 아버지,

오늘 주님 앞에 나아온 어린이(들)에게

세례를 베풀어 주심으로

하나님의 은혜와 사랑을 나타내 주심을 감사합니다.

이제 세례를 받은 어린이(들)에게 성령께서 항상 함께 해 주셔서,

저가(저들이) 예수 그리스도의 은혜와 지식 안에서 자라게 하시고,

오직 하나님을 경외함으로 영생에 이르게 하옵소서.

또한 모든 위험에서 지켜 주시고,

죄의 유혹에 넘어지지 않게 하시며

영육이 강건한 믿음으로 성장하게 하옵소서.

우리 주 예수 그리스도의 이름으로 기도합니다. 아멘.

회중의 세례갱신과 위탁 / 집례자와 회중

(회중을 일어서게 하여 다음과 같이 문답한다. 집례자의 질문에 대하여 '아멘'으로 응답하여 문답의 통일을 이루거나, 상황에 맞게 응답하게 할 수도 있다.)

집례자 : 사랑하는 성도 여러분, 문답을 위하여 잠시 자리에서 일어서서, 묻는 질문에 '아멘'으로 대답하시기 바랍니다.

집례자 : 여러분은 그리스도의 몸 된 교회의 지체로서, 죄를 멀리하고 그리스도께서 주신 사명을 잘 감당해야 함을 다시금 확신합니까?

회　　중 : 아멘.(혹은 "예, 확신합니다."로 대답한다.)

집례자 : 저는 여러분에게 오늘 우리 교회의 한 가족이 된 이 어린이를(들을) 기도로 돕고 사랑으로 돌보아 줄 것을 권면합니다. 한 믿음과 한 소망 안에서 이 어린이를(들을) 사랑하고, 격려하며, 후원함으로써 이들이 믿음의 장성한 분량에 이르도록 인도하시겠습니까?

회　　중 : 아멘.(혹은 "예, 인도하겠습니다."로 대답한다.)

공　포 / 집례자

　이 어린이는(들은) 오늘 거룩한 세례를 받고 우리 ○○교회의 세례아동이 되었음을 공포합니다. 성도 여러분께서는 박수로 환영해 주시기를 바랍니다.

(집례자의 공포 후에 어린이는(들은) 회중에게 인사하고, 자리로 돌아간다.)

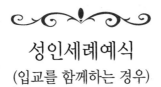

성인세례예식
(입교를 함께하는 경우)

(청소년세례는 성인세례에 준한다.)

집례 : 담임목사

1) 성인세례

(성인세례와 입교를 함께할 경우, 성인세례를 먼저 행하고 이어서 입교한다.)

세례 받을 이(들) 호명 / 집례자
(세례 받을 이(들)의 이름을 불러 앞으로 나오게 한다.)

예식사 / 집례자
　사랑하는 성도 여러분, 이제 예수 그리스도의 명령에 따라 세례를 행하고자 합니다. 우리는 세례를 통하여 하나님의 구원 역사에 동참하며, 물과 성령으로 거듭나서 그리스도의 몸 된 교회의 지체가 됩니다. 이는 우리에게 주신 하나님의 크신 은혜인 줄로 믿습니다. 이제 하나님의 은혜와 평강이 오늘 세례 받는 분(들)과 이 자리에 참여한 모든 성도, 하나님의 거룩한 교회 위에 함께하기를 기도합시다.

기 도 / 집례자

전능하시고 영원하신 하나님 아버지,

이제 세례를 받으려고 나온 이를(들을) 받아 주사

모든 죄를 용서하옵소서.

또한 이들이 옛 사람을 벗어 버리고 새 사람으로 변화되게

하시며, 성령의 권능으로 악의 세력을 이기게 하옵소서.

이 시간 우리 모두 세례를 통하여 베풀어 주시는

영원한 복을 즐거워하며,

주님께서 약속하신 영생에 이르게 하여 주옵소서.

우리 주 예수 그리스도의 이름으로 기도합니다. 아멘.

신앙의 확증을 위한 문답 / 집례자와 세례 받을 이(들)

(집례자가 세례 받을 이(들)에게 묻는다. 집례자의 질문에 대하여 '아멘'으로 응답하여 문답의 통일을 이루거나, 상황에 맞게 응답하게 할 수 있다.)

집　례　자 : 이제 교회를 대신하여 세례를 받기 원하는 당신(여러분)에게 묻습니다. 사랑하는 이(들이)여, 당신(여러분)이 거룩한 세례를 받고자 나왔으니, 하나님과 모든 성도 앞에서 진실하게 대답하시기 바랍니다.

(문1) 집　례　자 : 당신(여러분)은 진심으로 죄를 회개하고, 하나님의 뜻과 성경에 어긋나는 모든 것을 버리기로 결심하

였습니까?

세례 후보자(들) : 아멘.(혹은 "예, 결심하였습니다."로 대답한다.)

(문2) 집 례 자 : 당신(여러분)은 이 세상 모든 악의 세력을 거부하고, 예수 그리스도를 당신(여러분)의 구세주로 영접하였습니까?

세례 후보자(들) : 아멘.(혹은 "예, 영접하였습니다."로 대답한다.)

(문3) 집 례 자 : 당신(여러분)은 만물의 창조자이신 하나님과 구세주이신 예수 그리스도와 우리의 지도자이신 성령을 믿으며, 주님의 교회를 통하여 하나님의 나라가 확장됨과, 주님께서 친히 우리와 함께 계심과 의의 최후 승리와 영원히 사는 것을 믿습니까?

세례 후보자(들) : 아멘.(혹은 "예, 믿습니다."로 대답한다.)

(문4) 집 례 자 : 당신(여러분)은 이 시간 세례를 받음으로 하나님의 자녀로 거듭남을 확신하며, 앞으로 주님만을 섬기며 살아갈 것을 결심하였습니까?

세례 후보자(들) : 아멘.(혹은 "예, 결심하였습니다."로 대답한다.)

(문5) 집 례 자 : 당신(여러분)은 하나님의 도우심으로, 영생에 이르기까지 주님의 거룩하신 뜻과 계명을 준행하겠습니까?

세례 후보자(들) : 아멘.(혹은 "예, 준행하겠습니다."로 대답한다.)

신앙고백 (사도신경) / 다함께

(집례자와 세례 후보자는(들은) 회중과 함께 사도신경으로 신앙을 고백한다.)

집례자 : 이제 우리 다함께 사도신경으로 신앙을 고백합시다.

다함께 : 전능하사 천지를 만드신……

성경봉독(로마서 6:3~6) / 집례자

무릇 그리스도 예수와 합하여 세례를 받은 우리는 그의 죽으심과 합하여 세례를 받은 줄을 알지 못하느냐 그러므로 우리가 그의 죽으심과 합하여 세례를 받음으로 그와 함께 장사되었나니 이는 아버지의 영광으로 말미암아 그리스도를 죽은 자 가운데서 살리심과 같이 우리로 또한 새 생명 가운데서 행하게 하려 함이라 만일 우리가 그의 죽으심과 같은 모양으로 연합한 자가 되었으면 또한 그의 부활과 같은 모양으로 연합한 자도 되리라 우리가 알거니와 우리의 옛 사람이 예수와 함께 십자가에 못 박힌 것은 죄의 몸이 죽어 다시는 우리가 죄에게 종 노릇 하지 아니하려 함이니라

(참고 / 요한복음 3:1~8; 베드로전서 3:21; 에베소서 2:19~22)

세례 물에 대한 성결의 기도 / 집례자

(모든 회중이 볼 수 있도록 세례 대에 물을 부어 넣은 후에, 다음과 같이 기도한다.)

천지와 만물을 창조하신 하나님 아버지,

성례를 위하여 우리에게 이 물을 주시니 감사합니다.

태초에 하나님의 거룩한 영이 흑암의 수면 위를 운행하시고,

빛을 창조하셨습니다.

노아의 때에는 방주를 통해 물 속에서 구원해 주시고,

애굽에서 종살이하던 주님의 백성을

홍해의 물을 갈라 구원하셨으며,

요단 물을 건너게 하심으로 약속의 땅으로 인도해 주셨습니다.

예수님께서는 물과 성령으로 세례를 받으시고,

제자들을 부르사 세례를 통해

그리스도의 죽으심과 부활에 연합하게 하셨으며,

모든 나라 백성을 그리스도의 제자로 삼아 주셨습니다.

이제 하나님께서 이 물을 성별하옵소서.

성령의 능력이 이 물 위에 임하셔서

세례 받는 이들의 죄를 씻어 주시고,

새 사람으로 변화시켜 주사,

부활하신 예수 그리스도와 함께 영원히 살게 하옵소서.

우리를 죄와 죽음에서 구원하신

예수 그리스도의 이름으로 기도합니다. 아멘.

세 례 / 집례자

(세례의 방법은 물을 붓거나(pouring), 물을 뿌리는(sprinkling) 방식을 사용한다. 후보자는 세례 대 옆에 무릎을 꿇고, 집례자는 성부와 성자와 성령의 이름으로 후보자의 머리 위에 세 번 물을 붓거나 뿌린다. 이때에 집례자는 '성부와'라고 말하면서 물을 찍어 머리 위에 붓거나 뿌리고, '성자와'라고 말하면서 다시 물을 찍어 머리 위에 붓거나 뿌린 후에, '성령의 이름으로'라고 말하면서 물을 찍어 머리 위에 붓거나 뿌린다.)

집례자 : ○ ○ ○, 내가 성부와 성자와 성령의 이름으로 세례를 주노라.

회 중 : 아멘.

안 수 / 집례자
(집례자가 세례 받는 이를 위하여, 머리 위에 손을 얹고 간단하게 축복의
기도를 한다.)

주님의 기도 / 다함께
(주님의 기도를 암송하거나, 혹은 찬양으로 할 수도 있다.)

기 도 / 집례자
거룩하신 하나님 아버지,
주님 앞에 나온 이(들)에게 세례를 베푸사 모든 죄를 사해 주시고,
거듭난 삶으로 인도해 주심을 감사합니다.
이제부터 이들과 함께하여 주셔서
언제 어디서나 하나님의 사랑과 은혜를 간직하며,
구원의 기쁨과 소망 안에서 살아가게 하옵소서.
또한 예수 그리스도의 은혜와 지식 안에서
이들의 믿음이 더욱 성숙하게 하셔서,
주님께서 명령하신 선교와 봉사의 사명을 감당하게 하옵소서.
우리 주 예수 그리스도의 이름으로 기도합니다. 아멘.

회중의 세례갱신과 위탁 / 집례자와 회중
(모든 회중을 일어서게 하여 다음과 같이 문답한다. 집례자의 질문에 대
하여 '아멘'으로 응답하여 문답의 통일을 이루거나, 상황에 맞게 응답하

게 할 수 있다.)

집례자 : 사랑하는 성도 여러분, 문답을 위하여 잠시 자리에서 일어
서서, 묻는 질문에 '아멘'으로 대답하시기 바랍니다.

집례자 : 여러분은 그리스도의 몸 된 교회의 지체로서, 죄를 멀리하
고 그리스도께서 주신 사명을 잘 감당해야 함을 다시금 확
신합니까?

회　중 : 아멘.(혹은 "예. 확신합니다."로 대답한다.)

집례자 : 나는 여러분에게 오늘 우리 교회의 한 가족이 된 이 사람
(들)을 기도로 돕고 사랑으로 돌보아 줄 것을 권면합니다.
여러분은 한 믿음과 한 소망 안에서 이를(들을) 사랑하고,
격려하며, 후원함으로써 이 사람(들)이 믿음의 장성한 분
량에 이르도록 인도하시겠습니까?

회　중 : 아멘.(혹은 "예. 인도하겠습니다."로 대답한다.)

공 포 / 집례자

이 사람(들)은 오늘 거룩한 세례를 받고 우리 ○○교회의 세례인
이 되었음을 공포합니다. 성도 여러분께서는 박수로 환영해 주시
기를 바랍니다.

(세례 후에 입교할 사람은 계속 그 자리에 서 있으며, 다른 이들은 회중
에게 인사하고 모두 예배석으로 돌아간다. 세례인으로 18세 이상이 되어
입교할 사람도 집례자의 호명에 따라 앞으로 나온다.)

2) 입 교

예식사 / 집례자

사랑하는 성도 여러분, 교회는 하나님의 말씀을 선포하고 가르치며, 성례를 행하며, 성도의 교제와 봉사로써 주님의 뜻을 이루어야 합니다. 또한 불신자들에게 복음을 전하여 주님 앞으로 인도하며, 세상에 나아가 봉사하는 것이 우리의 사명입니다. 이제 이러한 주님의 명령에 헌신하기로 결심하는 이를(들을), 기독교대한감리회 ○○교회의 입교인으로 받아들이고자 합니다.

입교 문답 / 집례자와 입교할 이(들)

(집례자가 입교할 이(들)에게 다음과 같이 묻는다. 집례자의 질문에 대하여 '아멘'으로 응답하여 문답의 통일을 이루거나, 상황에 맞게 응답하게 할 수 있다.)

집　례　자 : 당신(여러분)은 이미 세례를 받은 사람으로서 입교인이 되고자 이 자리에 나왔습니다. 이제 하나님과 모든 성도 앞에서 세례 받을 때의 약속을 새롭게 하고, 믿음의 결심을 확인하기 위하여 다음과 같이 묻습니다. 이제 묻는 말에 진실하게 대답하시기 바랍니다.

(문1) 집 례 자 : 당신(여러분)은 하나님과 여러 성도 앞에서 세례 받을 때에 서약한 모든 것을 그대로 힘써 지키겠

습니까?

입교 후보자(들) : 아멘.(혹은 "예, 힘써 지키겠습니다."로 대답한다.)

(문2) 집 례 자 : 당신(여러분)은 기독교대한감리회의 교리와 장정
을 지키고 예배와 성례에 참여하며, 시간과 재능
과 물질을 바쳐 교인된 의무를 준행하겠습니까?

입교 후보자(들) : 아멘.(혹은 "예, 준행하겠습니다."로 대답한다.)

(문3) 집 례 자 : 당신(여러분)은 선교와 교육과 봉사 등 교회의 모
든 활동에 적극적으로 참여하겠습니까?

입교 후보자(들) : 아멘.(혹은 "예, 참여하겠습니다."로 대답한다.)

(문4) 집 례 자 : 당신(여러분)은 교인으로서 의무와 권리를 바르게
행사하며, 교회의 관할과 치리에 순종하고, 교회
에 덕을 세우는 일에 힘쓰겠습니까?

입교 후보자(들) : 아멘.(혹은 "예, 힘쓰겠습니다."로 대답한다.)

신앙고백 (감리회 신앙고백) / 다함께

집례자 : 우리는 우주 만물을 창조하시고 섭리하시며 주관하시는
거룩하시고 자비하시며 오직 한 분이신 아버지 하나님을
믿습니다.

회　중 : 우리는 말씀이 육신이 되어 우리 가운데 오셔서 하나님의
나라를 선포하시고 십자가에 달려 죽으셨다가 부활승천 하
심으로 대속자가 되시고 구세주가 되시는 예수 그리스도를
믿습니다.

집례자 : 우리는 우리와 함께 계셔서 우리를 거듭나게 하시고 거룩
하게 하시며 완전하게 하시며 위안과 힘이 되시는 성령을

믿습니다.

회　중 : 우리는 성령의 감동으로 기록된 하나님의 말씀인 성경이 구
　　　　원에 이르는 도리와 신앙생활에 충분한 표준이 됨을 믿습니
　　　　다.

집례자 : 우리는 하나님의 은혜로 믿음을 통해 죄 사함을 받아 거룩
　　　　해지며 하나님의 구원의 역사에 동참하도록 부름 받음을
　　　　믿습니다.

회　중 : 우리는 예배와 친교, 교육과 봉사, 전도와 선교를 위해 하나
　　　　가 된 그리스도의 몸인 교회를 믿습니다.

집례자 : 우리는 만민에게 복음을 전파함으로 하나님의 정의와 사
　　　　랑을 나누고 평화의 세계를 이루는 모든 사람들이 하나님
　　　　앞에 형제 됨을 믿습니다.

회　중 : 우리는 예수 그리스도의 재림과 심판, 우리 몸의 부활과 영
　　　　생 그리고 의의 최후 승리와 영원한 하나님 나라를 믿습니
　　　　다. 아멘.

기　도 / 집례자

　온 교회의 머리가 되시는 주님,

　주님께서 택하신 이(들)에게 은혜를 베푸사

　언제나 하나님만을 섬기며,

　그리스도의 몸 된 교회를 위하여 헌신하게 하옵소서.

　또한 성령의 능력으로 교인의 사명과 의무를 잘 감당하게 하시며,

　영원한 하나님 나라의 백성으로 살아가게 하옵소서.

　우리 주 예수 그리스도의 이름으로 기도합니다. 아멘.

공 포 / 집례자

　이 사람(들)이 하나님과 성도 앞에서 성실하게 서약하여, 기독교
대한감리회 ○○교회의 입교인이 된 것을 성부와 성자와 성령의
이름으로 공포합니다. 성도 여러분께서는 박수로 환영해 주시기를
바랍니다.

(집례자의 공포 후에 입교한 이는(들은) 회중에게 인사하고, 자리로 돌아
간다.)

세례입교예식
(유아, 아동, 청소년, 성인세례, 입교를 함께하는 경우)

(「교리와 장정」 제3편 제2장 제2절 [103] 제3조에 의거하여 유아세례는 1
세부터 5세까지로 하고, 아동세례는 6세부터 12세까지로 한다. 그리고
청소년세례는 성인세례에 준하여 시행한다.)

집례 : 담임목사

1) 세 례

세례 받을 이(들) 호명 / 집례자
(집례자가 세례 받을 이(들)의 이름을 불러 앞으로 나오게 한다. 유아세례
의 경우에는 부모나 보호자가 세례 받을 유아를 데리고 앞으로 나오게
한다.)

예식사 / 집례자
　사랑하는 성도 여러분, 이제 예수 그리스도의 명령에 따라 유아
세례와 아동세례와 청소년세례와 성인세례를 행하고자 합니다. 우
리는 세례를 통하여 하나님의 구원 역사에 동참하며, 물과 성령으
로 거듭나서, 그리스도의 몸 된 교회의 지체가 됩니다. 이는 하나님

의 크신 은혜입니다. 이 시간 하나님의 은혜와 평강이 세례 받는 분들과 어린이들, 부모와 보호자들, 성도, 하나님의 거룩한 교회 위에 함께하기를 기도합시다.

기 도 / 집례자

전능하시고 영원하신 하나님 아버지,

주님 앞에 세례를 받으려고 나온 이들을 받아 주사

우리의 모든 죄를 용서하여 주옵소서.

또한 이들이 옛 사람을 벗어 버리고 새 사람으로 변화되게

하시며, 성령의 권능으로 악의 세력을 이기게 하옵소서.

이 시간 우리 모두 세례를 통하여 베풀어 주시는

영원한 복을 즐거워하며,

주님께서 약속하신 영생에 이르게 하여 주옵소서.

우리 주 예수 그리스도의 이름으로 기도합니다. 아멘.

신앙의 확증을 위한 문답

(집례자가 유아(들)의 부모(들) 혹은 보호자(들), 세례 받을 아동(들), 세례 받을 이(들)에게 묻는다. 집례자의 질문에 대하여 '아멘'으로 응답하여 문답의 통일을 이루거나, 상황에 맞게 응답하게 할 수 있다.)

유아세례 받을 어린이(들)의 부모(보호자)들에게

집   례   자 : 이제 교회를 대신하여 유아세례 받을 어린이(들)의 부모(보호자들)에게 묻습니다. 사랑하는 이(들이)여, 당신(여러분)이 어린이를(들

을) 데리고 세례를 받게 하려고 나왔으니 하나님과 모든 성도 앞에서 진실하게 대답하시기 바랍니다.

(문1) 집 례 자 : 당신(여러분)은 이 어린이(들)에게 세례를 베풂에 있어서, 예수 그리스도께서 우리의 구세주가 되심을 믿습니까?

부모(들 혹은 보호자들) : 아멘.(혹은 "예, 믿습니다."로 대답한다.)

(문2) 집 례 자 : 당신(여러분)은 이 어린이(들)에게 세례의 의미를 가르치며, 성경을 읽고 기도하며 예배에 참여하는 것과 그리스도인의 생활에 대하여 가르치시겠습니까?

부모(들 혹은 보호자들) : 아멘.(혹은 "예, 가르치겠습니다."로 대답한다.)

(문3) 집 례 자 : 당신(여러분)은 이 어린이(들)에게 신앙의 모범을 보이며, 그를(들을) 믿음으로 양육하여 하나님의 자녀 된 삶을 살아가도록 인도하시겠습니까?

부모(들 혹은 보호자들) : 아멘.(혹은 "예, 인도하겠습니다."로 대답한다.)

(문4) 집 례 자 : 당신(여러분)은 이 어린이가(들이) 예수 그리스도를 영접하고 거듭나서, 거룩한 교회의 책임 있는 성도가 될 때까지 교회의 가르침과 지도를 받을 수 있도록 인도하시겠습니까?

부모(들 혹은 보호자들) : 아멘.(혹은 "예, 인도하겠습니다."로 대답한다.)

아동세례 받을 어린이(들)에게

집　　례　　자 : 이제 교회를 대신하여 아동세례 받을 어린이
　　　　　　　　(들)에게 묻습니다. 어린이는(여러분은) 하나님
　　　　　　　　과 모든 성도 앞에서 진실하게 대답하시기 바
　　　　　　　　랍니다.

(문1) 집　　례　　자 : 어린이는(여러분은) 예수님께서 우리를 구원
　　　　　　　　하신 구세주이심을 믿습니까?

세례 받을 어린이(들) : 아멘.(혹은 "예, 믿습니다."로 대답한다.)

(문2) 집　　례　　자 : 어린이는(여러분은) 예수님을 영접하고, 앞으
　　　　　　　　로 주님만을 섬기며 살아갈 것을 결심하였습
　　　　　　　　니까?

세례 받을 어린이(들) : 아멘.(혹은 "예, 결심하였습니다."로 대답한다.)

(문3) 집　　례　　자 : 어린이는(여러분) 하나님의 뜻에 따라 살기
　　　　　　　　위하여 예배와 기도생활에 힘쓰며, 교회의
　　　　　　　　가르침과 지도에 순종하겠습니까?

세례 받을 어린이(들) : 아멘.(혹은 "예, 순종하겠습니다."로 대답한다.)

청소년·성인세례 받을 이(들)에게

집　　례　　자 : 이제 교회를 대신하여 성인세례를 받기 원하는 당신
　　　　　　　(여러분)에게 묻습니다. 사랑하는 이(들이)여, 당신(여
　　　　　　　러분)이 거룩한 세례를 받고자 나왔으니, 하나님과
　　　　　　　모든 성도 앞에서 진실하게 대답하시기 바랍니다.

(문1) 집 례 자 : 당신(여러분)은 진심으로 죄를 회개하며, 하나님의 뜻과 성경에 어긋나는 모든 것을 버리기로 결심하였습니까?

세례 후보자(들) : 아멘.(혹은 "예, 결심하였습니다."로 대답한다.)

(문2) 집 례 자 : 당신(여러분)은 이 세상 모든 악의 세력을 거부하고, 예수 그리스도를 당신(여러분)의 구세주로 영접하였습니까?

세례 후보자(들) : 아멘.(혹은 "예, 영접하였습니다."로 대답한다.)

(문3) 집 례 자 : 당신(여러분)은 만물의 창조자이신 하나님과 구세주이신 예수 그리스도와 우리의 지도자이신 성령을 믿으며, 주님의 교회를 통하여 하나님의 나라가 확장되며, 주님께서 친히 우리와 함께 계심과 의의 최후 승리와 영원히 사는 것을 믿습니까?

세례 후보자(들) : 아멘.(혹은 "예, 믿습니다."로 대답한다.)

(문4) 집 례 자 : 당신(여러분)은 이 시간 세례를 받음으로 하나님의 자녀로 거듭남을 확신하여, 앞으로 주님만을 섬기며 살아갈 것을 결심하였습니까?

세례 후보자(들) : 아멘.(혹은 "예, 결심하였습니다."로 대답한다.)

(문5) 집 례 자 : 당신(여러분)은 하나님의 도우심으로, 영생에 이르기까지 주님의 거룩하신 뜻과 계명을 준행하겠습니까?

세례 후보자(들) : 아멘.(혹은 "예, 준행하겠습니다."로 대답한다.)

신앙고백 (사도신경) / 다함께

집례자 : 이제 우리 다함께 사도신경으로 신앙을 고백합시다.

다함께 : 전능하사 천지를 만드신……

성경봉독 (로마서 6:3~6; 마가복음 10:13~16) / 집례자

　무릇 그리스도 예수와 합하여 세례를 받은 우리는 그의 죽으심과 합하여 세례를 받은 줄을 알지 못하느냐 그러므로 우리가 그의 죽으심과 합하여 세례를 받음으로 그와 함께 장사되었나니 이는 아버지의 영광으로 말미암아 그리스도를 죽은 자 가운데서 살리심과 같이 우리로 또한 새 생명 가운데서 행하게 하려 함이라 만일 우리가 그의 죽으심과 같은 모양으로 연합한 자가 되었으면 또한 그의 부활과 같은 모양으로 연합한 자도 되리라 우리가 알거니와 우리의 옛 사람이 예수와 함께 십자가에 못 박힌 것은 죄의 몸이 죽어 다시는 우리가 죄에게 종 노릇 하지 아니하려 함이니라(로마서 6:3~6)

　사람들이 예수께서 만져 주심을 바라고 어린 아이들을 데리고 오매 제자들이 꾸짖거늘 예수께서 보시고 노하시어 이르시되 어린 아이들이 내게 오는 것을 용납하고 금하지 말라 하나님의 나라가 이런 자의 것이니라 내가 진실로 너희에게 이르노니 누구든지 하나님의 나라를 어린 아이와 같이 받들지 않는 자는 결단코 그 곳에 들어가지 못하리라 하시고 그 어린 아이들을 안고 그들 위에 안수하시고 축복하시니라(마가복음 10:13~16)

세례 물에 대한 성결의 기도 / 집례자

(모든 회중이 볼 수 있도록 세례 대에 물을 부어 넣은 후에, 다음과 같이

기도한다.)

천지와 만물을 창조하신 하나님 아버지,

성례를 위하여 우리에게 이 물을 주시니 감사합니다.

태초에 하나님의 거룩한 영이 흑암의 수면 위를 운행하시고,

빛을 창조하셨습니다.

노아의 때에는 방주를 통해 물 속에서 구원해 주시고,

애굽에서 종살이하던 주님의 백성을

홍해의 물을 갈라 구원하셨으며,

요단 물을 건너게 하심으로 약속의 땅으로 인도해 주셨습니다.

예수님께서는 물과 성령으로 세례를 받으시고,

제자들을 부르사

세례를 통해 그리스도의 죽으심과 부활에 연합하게 하셨으며,

모든 나라 백성을 그리스도의 제자로 삼아 주셨습니다.

이제 하나님께서 이 물을 성별하옵소서.

성령의 능력이 이 물 위에 임하셔서

세례 받는 이들의 죄를 씻어 주시고,

새 사람으로 변화시켜 주사,

부활하신 예수 그리스도와 함께, 영원히 살게 하옵소서.

우리를 죄와 죽음에서 구원하신 예수 그리스도의 이름으로 기도

합니다. 아멘.

세 례 / 집례자

(세례의 방법은 물을 뿌리는(sprinkling) 방식을 사용한다. 후보자는 세
례 대 옆에 무릎을 꿇고, 집례자는 성부와 성자와 성령의 이름으로 후보

자 머리 위에 세 번 물을 뿌린다. 이때에 집례자는 '성부와' 라고 말하면서 물을 찍어 머리 위에 뿌리고, '성자와' 라고 말하면서 다시 물을 찍어 머리 위에 뿌린 후에, '성령의 이름으로' 라고 말하면서 물을 찍어 머리 위에 뿌린다. 유아세례의 경우에는 부모가 유아를 안고 서 있는 자세에서, 집례자는 성부 성자 성령의 이름으로 유아의 머리 위에 세 번 물을 뿌린다.)

집례자 : ○○○, 내가 성부와 성자와 성령의 이름으로 세례를 주노라.
회 중 : 아멘.

안 수 / 집례자
(집례자가 세례 받는 이를 위하여, 머리 위에 손을 얹고 간단하게 축복의 기도를 한다.)

주님의 기도 / 다함께
(주님의 기도를 암송하거나, 혹은 찬양으로 할 수도 있다.)

기 도 / 집례자
　세례를 통하여 구원의 비밀을 알려주시는 하나님 아버지,
　주님 앞에 나온 이들에게 세례를 베푸사 모든 죄를 사해 주시고,
　거듭난 삶으로 인도해 주시니 감사합니다.
　이제부터 이들과 함께하셔서,
　이들이 언제 어디서나 하나님의 사랑과 은혜를 간직하며,

구원의 기쁨과 소망 안에서

예수 그리스도의 복음을 전파하며 살아가게 하옵소서.

오늘 세례를 받은 어린이들에게 성령의 인도하심이 언제나 함께

하사

예수 그리스도의 은혜와 지식 안에서 자라게 하시며,

오직 하나님만을 섬김으로 영생에 이르게 하옵소서.

우리 주 예수 그리스도의 이름으로 기도합니다. 아멘.

회중의 세례갱신과 위탁 / 집례자와 회중

(모든 회중을 일어서게 하여 다음과 같이 문답한다. 집례자의 질문에 대하여 '아멘' 으로 응답하여 문답의 통일을 이루거나, 상황에 맞게 응답하게 할 수 있다.)

집례자 : 사랑하는 성도 여러분, 문답을 위하여 잠시 자리에서 일어서서, 묻는 질문에 '아멘' 으로 대답하시기 바랍니다.

집례자 : 여러분은 그리스도의 몸 된 교회의 지체로서, 죄를 멀리하고 그리스도께서 주신 사명을 잘 감당해야 함을 다시금 확신합니까?

회   중 : 아멘.(혹은 "예, 확신합니다."로 대답한다.)

집례자 : 저는 여러분에게 오늘 우리 교회의 한 가족이 된 이 사람들을 기도로 돕고 사랑으로 돌보아 줄 것을 권면합니다. 한 믿음과 한 소망 안에서 이들을 사랑하고, 격려하며, 후원함으로써 믿음의 장성한 분량에 이르도록 인도하시겠

습니까?

회　중 : 아멘.(혹은 "예, 인도하겠습니다."로 대답한다.)

공 포 / 집례자

이 사람(들)은 오늘 거룩한 세례를 받고 우리 ○○교회의 세례아동과 세례인이 되었음을 공포합니다. 성도 여러분께서는 박수로 환영해 주시기 바랍니다.

(세례 후에 입교할 사람은 계속 그 자리에 서 있으며, 다른 이들은 회중에게 인사하고 예배석으로 돌아간다. 세례인으로 18세 이상이 되어 입교할 사람도 집례자의 호명에 따라 앞으로 나아온다.)

2) 입 교

(집례자가 성인세례를 받고 입교할 이와(들과) 세례인으로 18세 이상이 되어 입교하는 이(들)의 이름을 불러 앞에 세우고 성도에게 말한다.)

예식사 / 집례자

사랑하는 성도 여러분, 교회는 하나님의 말씀을 선포하고 가르치며, 성례를 행하며, 성도의 교제와 봉사로써 주님의 뜻을 이 땅에 이루어야 합니다. 또한 불신자들에게 복음을 전하여 주님 앞으로 인도하며, 세상에 나아가 봉사하는 것이 우리의 사명입니다. 이제 이러한 주님의 명령에 헌신하기로 결심하는 이를(들을), 기독교대한감리회 ○○교회의 입교인으로 받아들이고자 합니다.

입교 문답 / 집례자와 입교할 이(들)

(집례자가 입교할 이(들)에게 다음과 같이 묻는다. 집례자의 질문에 대하여 '아멘'으로 응답하여 문답의 통일을 이루거나, 상황에 맞게 응답하게 할 수도 있다.)

집　례　자 : 당신(여러분)은 이미 세례를 받은 사람으로서 입교인이 되고자 이 자리에 나왔습니다. 이제 하나님과 모든 성도 앞에서 세례 받을 때의 약속을 새롭게 하고, 믿음의 결심을 확인하기 위하여 다음과 같이 묻습니다. 이제 묻는 말에 진실하게 대답하시기 바랍니다.

(문1) 집　례　자 : 당신(여러분)은 하나님과 여러 성도 앞에서 세례 받을 때에 서약한 모든 것을 그대로 힘써 지키겠습니까?

입교 후보자(들) : 아멘(혹은 "예, 힘써 지키겠습니다."로 대답한다.)

(문2) 집　례　자 : 당신(여러분)은 기독교대한감리회의 교리와 장정을 지키고 예배와 성례에 참여하며, 시간과 재능과 물질을 바쳐 교인된 의무를 준행하겠습니까?

입교 후보자(들) : 아멘(혹은 "예, 준행하겠습니다."로 대답한다.)

(문3) 집　례　자 : 당신(여러분)은 선교와 교육과 봉사 등 교회의 모든 활동에 적극적으로 참여하겠습니까?

입교 후보자(들) : 아멘(혹은 "예, 참여하겠습니다."로 대답한다.)

(문4) 집　례　자 : 당신(여러분)은 교인으로서 의무와 권리를 바르게

행사하며, 교회의 관할과 치리에 순종하고, 교회의 덕을 세우는 데에 힘쓰겠습니까?

입교 후보자(들) : 아멘.(혹은 "예, 힘쓰겠습니다."로 대답한다.)

신앙고백 (감리회 신앙고백) / 집례자와 회중

집례자 : 우리는 우주 만물을 창조하시고 섭리하시며 주관하시는 거룩하시고 자비하시며 오직 한 분이신 아버지 하나님을 믿습니다.

회 중 : 우리는 말씀이 육신이 되어 우리 가운데 오셔서 하나님의 나라를 선포하시고 십자가에 달려 죽으셨다가 부활승천 하심으로 대속자가 되시고 구세주가 되시는 예수 그리스도를 믿습니다.

집례자 : 우리는 우리와 함께 계셔서 우리를 거듭나게 하시고 거룩하게 하시며 완전하게 하시며 위안과 힘이 되시는 성령을 믿습니다.

회 중 : 우리는 성령의 감동으로 기록된 하나님의 말씀인 성경이 구원에 이르는 도리와 신앙생활에 충분한 표준이 됨을 믿습니다.

집례자 : 우리는 하나님의 은혜로 믿음을 통해 죄 사함을 받아 거룩해지며 하나님의 구원의 역사에 동참하도록 부름 받음을 믿습니다.

회 중 : 우리는 예배와 친교, 교육과 봉사, 전도와 선교를 위해 하나가 된 그리스도의 몸인 교회를 믿습니다.

집례자 : 우리는 만민에게 복음을 전파함으로 하나님의 정의와 사

랑을 나누고 평화의 세계를 이루는 모든 사람들이 하나님
앞에 형제 됨을 믿습니다.

회　　중 : 우리는 예수 그리스도의 재림과 심판, 우리 몸의 부활과 영
생 그리고 의의 최후 승리와 영원한 하나님 나라를 믿습니
다. 아멘.

기 도 / 집례자

온 교회의 머리가 되시는 주님,

주님께서 택하신 이(들)에게 은혜를 베푸사

언제나 하나님만을 섬기며,

그리스도의 몸 된 교회를 위하여 헌신하게 하옵소서.

또한 성령의 능력으로 교인의 사명과 의무를 잘 감당하게 하시며,

영원한 하나님 나라의 백성으로 살아가게 하옵소서.

우리 주 예수 그리스도의 이름으로 기도합니다. 아멘.

공 포 / 집례자

이 사람(들)이 하나님과 성도 앞에서 성실하게 서약하여, 기독교
대한감리회 ○○교회의 입교인이 된 것을 성부와 성자와 성령의
이름으로 공포합니다. 성도 여러분께서는 박수로 환영해 주시기를
바랍니다.

(집례자의 공포 후에 입교한 이는(들은) 회중에게 인사하고, 자리로 돌아
간다.)

입교예식

(집례자는 성인세례를 받고 입교할 이(들), 세례인으로 18세 이상이 되어 입교하는 이(들), 다른 교파에서 세례, 영세, 침례를 받고 감리교회로 이명한 18세 이상 된 이(들)의 이름을 불러 앞에 세우고 성도에게 말한다.)

집례 : 담임목사

예식사 / 집례자

　사랑하는 성도 여러분, 교회는 하나님의 말씀을 선포하고 가르치며, 성례를 행하며, 성도의 교제와 봉사로써 주님의 뜻을 이 땅에 이루어야 합니다. 또한 불신자들에게 복음을 전하여 주님 앞으로 인도하며, 세상에 나아가 봉사하는 것이 우리의 사명입니다. 이제 이러한 주님의 명령에 헌신하기로 결심하는 이를(들을), 기독교대한감리회 ○○교회의 입교인으로 받아들이고자 합니다.

입교 문답 / 집례자와 입교할 이(들)

(집례자가 입교할 이(들)에게 다음과 같이 묻는다. 집례자의 질문에 대하여 '아멘'으로 응답하여 문답의 통일을 이루거나, 상황에 맞게 응답하게 할 수 있다.)

집　　례　　자 : 당신(여러분)은 이미 세례를 받은 사람으로서 입교인이 되고자 이 자리에 나왔습니다. 이제 하나님과 모든 성도 앞에서 세례 받을 때의 약속을 새롭게 하고, 믿음의 결심을 확인하기 위하여 다음과 같이 묻습니다. 이제 묻는 말에 진실하게 대답하시기를 바랍니다.

(문1) 집 례 자 : 당신(여러분)은 하나님과 여러 성도 앞에서 세례 받을 때에 서약한 모든 것을 그대로 힘써 지키겠습니까?

입교 후보자(들) : 아멘.(혹은 "예, 힘써 지키겠습니다."로 대답한다.)

(문2) 집 례 자 : 당신(여러분)은 기독교대한감리회의 교리와 장정을 지키고 예배와 성례에 참여하며, 시간과 재능과 물질을 바쳐 교인된 의무를 준행하겠습니까?

입교 후보자(들) : 아멘.(혹은 "예, 준행하겠습니다."로 대답한다.)

(문3) 집 례 자 : 당신(여러분)은 선교와 교육과 봉사 등 교회의 모든 활동에 적극적으로 참여하겠습니까?

입교 후보자(들) : 아멘.(혹은 "예, 참여하겠습니다."로 대답한다.)

(문4) 집 례 자 : 당신(여러분)은 교인으로서 의무와 권리를 바르게 행사하며, 교회의 관할과 치리에 순종하고, 교회의 덕을 세우는 일에 힘쓰겠습니까?

입교 후보자(들) : 아멘.(혹은 "예, 힘쓰겠습니다."로 대답한다.)

신앙고백 (감리회 신앙고백) / 집례자와 회중

집례자 : 우리는 우주 만물을 창조하시고 섭리하시며 주관하시는

거룩하시고 자비하시며 오직 한 분이신 아버지 하나님을
믿습니다.

회 중 : 우리는 말씀이 육신이 되어 우리 가운데 오셔서 하나님의
나라를 선포하시고 십자가에 달려 죽으셨다가 부활승천 하
심으로 대속자가 되시고 구세주가 되시는 예수 그리스도를
믿습니다.

집례자 : 우리는 우리와 함께 계셔서 우리를 거듭나게 하시고 거룩
하게 하시며 완전하게 하시며 위안과 힘이 되시는 성령을
믿습니다.

회 중 : 우리는 성령의 감동으로 기록된 하나님의 말씀인 성경이 구
원에 이르는 도리와 신앙생활에 충분한 표준이 됨을 믿습니
다.

집례자 : 우리는 하나님의 은혜로 믿음을 통해 죄 사함을 받아 거룩
해지며 하나님의 구원의 역사에 동참하도록 부름 받음을
믿습니다.

회 중 : 우리는 예배와 친교, 교육과 봉사, 전도와 선교를 위해 하나
가 된 그리스도의 몸인 교회를 믿습니다.

집례자 : 우리는 만민에게 복음을 전파함으로 하나님의 정의와 사
랑을 나누고 평화의 세계를 이루는 모든 사람들이 하나님
앞에 형제 됨을 믿습니다.

회 중 : 우리는 예수 그리스도의 재림과 심판, 우리 몸의 부활과 영
생 그리고 의의 최후 승리와 영원한 하나님 나라를 믿습니
다. 아멘.

기 도 / 집례자

　온 교회의 머리가 되시는 주님,

　주님께서 택하신 이(들)에게 은혜를 베푸사

　언제나 하나님만을 섬기며,

　그리스도의 몸 된 교회를 위하여 헌신하게 하옵소서.

　또한 성령의 능력으로 교인의 사명과 의무를 잘 감당하게 하시며,

　영원한 하나님 나라의 백성으로 살아가게 하옵소서.

　우리 주 예수 그리스도의 이름으로 기도합니다. 아멘.

공 포 / 집례자

　이 사람(들)이 하나님과 성도 앞에서 성실하게 서약하여, 기독교
대한감리회 ○○교회의 입교인이 된 것을 성부와 성자와 성령의
이름으로 공포합니다. 성도 여러분께서는 박수로 환영해 주시기를
바랍니다.

(집례자의 공포 후에 입교한 이는(들은) 회중에게 인사하고, 자리로 돌아
간다.)

성만찬예식

(①총회, 연회, 지방회에서 여러 명의 목사가 성만찬을 진행할 경우[1] ② 개교회에서 평주일에 성만찬 예문집이나 순서지를 나누어 주지 않고 집 례자만이 성만찬 예문으로 진행할 경우 사용한다. ②의 경우는 보좌의 역할도 집례자가 행할 수 있다.)

(총회, 연회, 지방회의 개회예배나 기타 예배 순서의 '봉헌' 과 '봉헌기 도' 다음에 이 순서를 넣어 사용한다.)

집례 : ○○○목사

보좌 : ○○○목사

○○○목사

○○○목사

○○○목사

○○○목사

(◆한 곳은 집례자가 한다.)

---

[1] 이 경우에는 집례목사와 보좌목사들이 순서를 분담하여 진행한다. 단, 평화의 인사 와 성만찬 제정사, 성령 임재의 기원과 성만찬 분병례의 순서는 집례목사가 하도록 한다. 상황에 따라서 기념사 순서는 생략할 수 있다.

성만찬 찬송 198장(통 284장) 주 예수 해변서 1, 2절 / 다함께

집례자 : 다함께 찬송가 198장 1, 2절을 부르심으로 성만찬 예식을
시작합니다.

(찬송을 부르는 중에 보좌위원들이 성만찬 대 앞으로 나와서,
성만찬 대의 보를 걷는다. 다른 성만찬 찬송을 부를 수도 있다.)

    1. 주 예수 해변서 떡을 떼사 무리를 먹이어 주심 같이
      영생의 양식을 나에게도 풍족히 나누어 주옵소서
    2. 생명의 말씀인 나의 주여 목말라 주님을 찾나이다
      해변서 무리를 먹임 같이 갈급한 내 심령 채우소서.

교 독 / 집례자와 회중

(집례자와 회중이 아래와 같이 교독한다. 회중이 교독할 수 있게 미리 인
쇄한다.)

집례자 : 주님께서 여러분과 함께

회   중 : 또한 목사님과도 함께하시기를 바랍니다.

집례자 : 마음을 드높여

회   중 : 하나님께 올립니다.

집례자 : 하나님의 구원 역사에 감사를 드립시다.

회   중 : 바르고 마땅한 일입니다.

성경봉독 / 보좌위원 중

(아래에 기록된 성경말씀 중에 몇 구절을 선택하여, 보좌위원들이 한 절

씩 봉독한다.)

보 좌 위 원 : 성만찬 예식을 위하여 우리에게 주시는 하나님의 말씀을 들으십시오.

성경봉독 1 : 나는 하늘에서 내려온 살아 있는 떡이니 사람이 이 떡을 먹으면 영생하리라 내가 줄 떡은 곧 세상의 생명을 위한 내 살이니라 하시니라(요한복음 6:51)

성경봉독 2 : 우리가 축복하는 바 축복의 잔은 그리스도의 피에 참여함이 아니며 우리가 떼는 떡은 그리스도의 몸에 참여함이 아니냐 떡이 하나요 많은 우리가 한 몸이니 이는 우리가 다 한 떡에 참여함이라(고린도전서 10:16~17)

성경봉독 3 : 친히 나무에 달려 그 몸으로 우리 죄를 담당하셨으니 이는 우리로 죄에 대하여 죽고 의에 대하여 살게 하려 하심이라 그가 채찍에 맞음으로 너희는 나음을 얻었나니(베드로전서 2:24)

성경봉독 4 : 사랑하는 자들아 우리가 서로 사랑하자 사랑은 하나님께 속한 것이니 사랑하는 자마다 하나님으로부터 나서 하나님을 알고 사랑하지 아니하는 자는 하나님을 알지 못하나니 이는 하나님은 사랑이심이라 하나님의 사랑이 우리에게 이렇게 나타난 바 되었으니 하나님이 자기의 독생자를 세상에 보내심은 그로 말미암아 우리를 살리려 하심이라(요한일서 4:7~9)

초청의 말씀 / 보좌위원 중

예수 그리스도를 구주로 믿고, 그의 뜻에 따라 새로운 삶을 살고
자 결심하는 여러분을 이 거룩한 은혜의 자리에 초대합니다.

이전의 죄 된 것을 다 떨쳐버리고 겸손한 마음으로 성만찬 예식
에 참여합시다.

회개의 기도 / 다함께

(일반 예배 순서에 '고백의 기도' 순서가 있으면 성만찬에서는 '회개의 기
도'를 생략한다. 그러나 가능한 한 이 순서에서 회개의 기도를 한다.)

집례자 : 우리 다함께 회개의 기도를 드립시다.
다함께 : 거룩하사 이 세상 만민을 심판하시는 하나님,
          하나님의 뜻대로 살아야 할 우리가 말씀을 거역하고,
          언행심사에 있어서 주님의 영광을 가린 죄를 회개합니다.
          자비로우신 주님, 우리를 불쌍히 여기시고,
          예수님 십자가의 은혜로, 지은 죄를 용서하여 주옵소서.
          이제부터 새로운 믿음과 변화된 모습으로
          하나님의 영광을 위하여 살게 하여 주옵소서.
          우리를 구속하신
          예수 그리스도의 이름으로 기도합니다. 아멘.

용서의 말씀 / 보좌위원 중

(일반 예배 순서에 '고백의 기도'가 있었으면 생략한다.)

보 좌 위 원 : 여러분, 이제 진심으로 회개하는 사람들에게 주시는
하나님의 용서의 말씀을 들으십시오.
(아래에 기록된 성경말씀 중에 한 구절만 선택하여, 보좌
위원이 봉독한다.)

성경봉독 1 : 만일 우리가 죄가 없다고 말하면 스스로 속이고 또 진
리가 우리 속에 있지 아니할 것이요 만일 우리가 우리
죄를 자백하면 그는 미쁘시고 의로우사 우리 죄를 사
하시며 우리를 모든 불의에서 깨끗하게 하실 것이요
(요한일서 1:8~9)

성경봉독 2 : 나의 자녀들아 내가 이것을 너희에게 씀은 너희로 죄
를 범하지 않게 하려 함이라 만일 누가 죄를 범하여도
아버지 앞에서 우리에게 대언자가 있으니 곧 의로우
신 예수 그리스도시라 그는 우리 죄를 위한 화목 제물
이니 우리만 위할 뿐 아니요 온 세상의 죄를 위하심이
라(요한일서 2:1~2)

성경봉독 3 : 수고하고 무거운 짐 진 자들아 다 내게로 오라 내가
너희를 쉬게 하리라(마태복음 11:28)

성경봉독 4 : 하나님이 세상을 이처럼 사랑하사 독생자를 주셨으니
이는 그를 믿는 자마다 멸망하지 않고 영생을 얻게 하
려 하심이라(요한복음 3:16)

성경봉독 5 : 미쁘다 모든 사람이 받을 만한 이 말이여 그리스도 예
수께서 죄인을 구원하시려고 세상에 임하셨다 하였도
다(디모데전서 1:15상)

◆ **평화의 인사** / 집례자와 회중

(집례자와 회중이 아래와 같이 교독한다. 회중이 교독할 수 있게 예배 순서지에 '평화의 인사' 부분을 미리 인쇄한다.)

집례자 : 주님의 평화가 여러분과 함께

회　중 : 또한 목사님과 함께하시기를 바랍니다.

집례자 : 이제 화해와 평화의 징표로 서로 인사를 나눕시다.

회　중 : (전후좌우의 사람들과 인사하며) 주님의 평화가 함께하시기를
　　　　바랍니다.

성만찬 기도 / 보좌위원 중

전능하사 천지를 창조하신 하나님,
언제 어디서나 주님께 영광을 돌리며 감사합니다.
주님의 은혜로 우리를 먼저 선택하시고,
그리스도의 몸 된 교회로 연합하게 하셔서,
하나님의 구원역사를 이루어 가심을 감사합니다.
또한 그리스도께서 제정하신 성만찬 예식에 우리가 참여하여
떡과 포도주를 먹고 마실 때마다
주님의 임재를 체험하게 하심을 감사합니다.
이 시간 성령의 도우심으로 우리를 성별하여 주시고,
하나님의 거룩하신 이름에 합당한 찬양과 감사를 드리게 하옵
소서.
우리를 죄에서 구원하신 예수 그리스도의 이름으로 기도합니다.
아멘.

◆ 성만찬 제정사 / 집례자

주님께서 자신의 몸을 내어 주시던 밤,

떡을 손에 드시고, (집례자는 떡을 두 손으로 든다.)

감사기도를 드리신 다음, 떼어 (이때 떡을 두 손으로 뗀다.)

제자들에게 주시며 말씀하셨습니다.

"받아먹어라. 이는 너희를 위해 내어 주는 나의 몸이니

먹을 때마다 나를 기억하여라." (떡을 내려놓는다.)

식후에, 주님께서는 잔을 드시고 (잔을 두 손으로 든다.)

감사기도를 드리신 후에, 제자들에게 돌리시며 말씀하셨습니다.

"이 잔을 마시라. 이는 죄 사함을 얻게 하려고 많은 사람을 위해

흘린 새 언약의 피니 이를 행할 때마다 나를 기념하여라." (잔을

내려놓는다.)

기념사 / 보좌위원 중(상황에 따라 생략할 수도 있다.)

사랑의 하나님, 예수 그리스도 안에서 이루신 구원의 은혜를 상
기하오며, 그리스도께서 우리를 위해 자신을 희생하신 것처럼, 찬
양과 감사를 드리는 가운데 우리 자신을 거룩한 제물로 하나님께
드립니다. 우리가 이 구속의 은혜를 소리 높여 찬양하오며 그리스
도의 죽음과 부활, 그리고 마지막 날 심판주로 다시 오실 것을 믿고
기다립니다.

◆ 성령임재의 기원 / 집례자

(집례자는 떡과 잔 위에 손을 얹고 기도한다.)

거룩하신 하나님,

일찍이 주님께서 세상에 보내셨던 성령을

지금 다시 보내 주사

진설된 떡과 포도주 위에 임하셔서

이 식탁을 성별하옵소서.

또한 성령께서 여기 모인 우리 위에 함께하사

이 떡과 포도주로 영원한 생명의 양식이 되게 하시며,

이를 먹고 마심으로 그리스도의 새로운 몸을 입어

세상을 변화시키는 능력이 되게 하옵소서.

우리 주 예수 그리스도의 이름으로 기도합니다. 아멘.

주님의 기도 / 다함께

(주님의 기도를 암송하거나, 혹은 찬양으로 할 수도 있다.)

집례자 : 이제, 하나님의 백성으로서 주님께서 가르쳐 주신 기도를
　　　　하겠습니다.

다함께 : 하늘에 계신 우리 아버지여…….

분 급 / 집례자와 보좌위원들

(먼저 집례자가 떡과 함께 포도주를 먹고 마시거나, 혹은 떡을 떼어 포도
주에 담갔다가 먹는다. 그리고 보좌위원들에게 떡과 포도주를 분급한
후, 이어서 회중에게 분급한다. 분급의 방법은 회중을 성만찬 대 앞으로
나오게 하는 방법이 좋겠지만, 현실적으로 총회나 연회에 회중이 많을
경우에는 경건한 분위기를 위하여 자리에 앉은 채로 분급하는 방법이 타

당할 것이다. 성만찬 대 앞으로 나와서 분급을 받게 할 경우에는 순서에 따라 지정된 위치로 나오게 한다. 이때에 집례자는 떡을 주면서 "이는 그리스도의 몸입니다."라고 말한다. 그리고 회중은 목례를 하면서 "아멘." 하며 떡을 받는다. 이때에 왼손은 위로, 오른손은 아래로 십자형을 만들어 떡을 받은 후, 오른손으로 떡을 집어 포도주에 담갔다가 먹거나, 또는 떡과 함께 포도주 잔을 받은 후 먹고 마신다. 순서가 진행되는 동안 반주자가 찬송을 조용히 연주하고 회중은 조용히 찬송하거나 기도한다.)

(회중에게 떡과 포도주를 분급할 때에, 두 명의 보좌위원이 성만찬 분급이 끝날 때까지 아래와 같이 교독한다.)

여러분을 위해 주신 우리 주 예수 그리스도의 몸이
여러분을 영생에 이르도록 보호해 주십니다.
그리스도께서 여러분을 위해 죽으셨음을 기억하면서
믿음과 감사로 이 떡을 받으시기 바랍니다.

여러분을 위해 흘리신 우리 주 예수 그리스도의 피가
여러분을 영생에 이르도록 보호해 주십니다.
그리스도께서 여러분을 위해 흘리신 피를 기억하면서
믿음과 감사로 이 잔을 받으시기 바랍니다.

(분급이 모두 끝나면 보좌위원들이 남은 떡과 포도주를 성만찬 대 위에 정리하고, 보로 덮는다.)

성만찬 찬송 198장(통 284장) 주 예수 해변서 3, 4절 / 다함께

집례자 : 다함께 찬송가 198장 3, 4절을 부르겠습니다.

    3. 내 주여 진리의 말씀으로 사슬에 얽매인 날 푸시사
       내 맘에 평화를 누리도록 영원한 생명을 주옵소서
    4. 성령을 내 맘에 보내셔서 내 어둔 영의 눈 밝히시사
       말씀에 감추인 참 진리를 깨달아 알도록 하옵소서. 아멘.

성만찬 후 감사기도 / 다함께

집례자 : 이제 다함께 감사의 기도를 합시다.

다함께 : 은혜와 사랑이 충만하신 하나님,
        주님의 은혜로 우리를 구원하시고
        생명의 양식을 주시니 감사합니다.
        우리를 위하여 온 몸을 내어 주신
        십자가의 사랑과 희생의 신비를 기억하면서,
        우리 자신을 온전한 헌신의 제물로 하나님께 드립니다.
        이제 성만찬에 참여한 우리가 그리스도와 하나 되게 하시고,
        서로서로 하나 되게 하시며,
        온 교회가 하나 되게 하여 주옵소서.
        이제 세상을 향하여 나아가야 할 우리가
        성령의 능력 안에서
        전심으로 하나님과 이웃을 사랑하며
        그리스도의 빛과 소금이 되게 하사,
        주님이 오시는 날,

하나님 나라의 유업을 함께 누리게 하옵소서.
우리에게 영생의 양식을 주시는
우리 주 예수 그리스도의 이름으로 기도합니다. 아멘.

약식 성만찬예식

(성만찬 예식을 개체교회에서 간략하게 행하려면, 예배 순서의 '봉헌' 과
'봉헌기도' 다음에 이 순서를 넣어 사용한다.)

집례 : 담임목사

성만찬 찬송 227장(통 283장) 주 앞에 성찬 받기 위하여 1~3절 / 다함께
집례자 : 다함께 찬송가 227장 1, 2, 3절을 부르심으로 성만찬 예식
을 시작하겠습니다.
(찬송을 부르는 중에 보좌위원들이 성만찬 대 앞으로 나와서,
성만찬 대의 보를 걷는다. 다른 찬송을 부를 수도 있다.)

1. 주 앞에 성찬 받기 위하여 이 죄인 감히 나아옵니다
   주 공로 믿고 떨며 나오니 내 죄를 용서하여 주소서
2. 죄 길로 나가 방황했으나 주 앞에 감히 돌아옵니다
   자녀 될 자격 내게 없어도 주 나를 용납하여 주소서
3. 한 번만 주의 음성 들어도 그 말씀 내게 능력되어서
   이 세상 마귀 유혹 이기고 원수의 비방 막게 됩니다.

성만찬으로 초대 / 집례자
하나님을 믿고 그리스도를 따르는 여러분을 이 거룩한 식탁에

초대합니다.

교 독 / 집례자와 회중

(집례자와 회중이 아래와 같이 교독한다. 회중이 교독할 수 있게 미리 인쇄한다.)

집례자 : 전능하신 창조주 하나님, 언제나 주님께 감사함이 당연하고도 기쁜 일입니다.

회　중 : 우리를 하나님의 형상대로 창조하시어 주님의 영광을 드러내게 하셨습니다.

집례자 : 때로는 우리가 주님을 멀리 떠나도

회　중 : 주님은 언제나 우리를 사랑해 주셨습니다.

성만찬 제정사 / 집례자

　주님께서 자신의 몸을 내어 주시던 밤,

　떡을 손에 드시고, (집례자는 떡을 두 손으로 든다.)

　감사기도를 드리신 다음, 떼어

　제자들에게 주시며 말씀하셨습니다.

　"받아먹어라. 이는 너희를 위해 내어 주는 나의 몸이니

　먹을 때마다 나를 기억하여라." (떡을 내려놓는다.)

　식후에, 주님께서는 잔을 드시고 (잔을 두 손으로 든다.)

　감사기도를 드리신 후에,

　제자들에게 돌리시며 말씀하셨습니다.

"이 잔을 마시라. 이는 죄 사함을 얻게 하려고 많은 사람을 위해 흘린 새 언약의 피니 이를 행할 때마다 나를 기념하여라." (잔을 내려놓는다.)

성령임재의 기원 / 집례자(집례자는 떡과 잔 위에 손을 얹고 기도한다.)
거룩하신 하나님,
일찍이 주님께서 세상에 보내셨던 성령을
지금 다시 보내 주사
진설된 떡과 포도주 위에 임하셔서
이 식탁을 성별하옵소서.
또한 성령께서 여기 모인 우리 위에 함께하사
이 떡과 포도주로 영원한 생명의 양식이 되게 하시며,
이를 먹고 마심으로 그리스도의 새로운 몸을 입어
세상을 변화시키는 능력이 되게 하옵소서.
우리 주 예수 그리스도의 이름으로 기도합니다. 아멘.

주님의 기도 / 다함께
(주님의 기도를 암송하거나, 혹은 찬양으로 할 수도 있다.)

집례자 : 이제, 하나님의 백성으로서 주님께서 가르쳐 주신 기도를
　　　　하겠습니다.
다함께 : 하늘에 계신 우리 아버지여……

분병례 / 집례자

(집례자는 떡을 두 손으로 들고 떼면서)

이 떡을 나눌 때에 우리는

그리스도의 한 몸에 참여합니다.

(떡을 내려놓는다.)

(집례자는 잔을 두 손으로 든 후)

이 잔을 나눌 때에도

우리는 그리스도의 피에 동참합니다.

(잔을 내려놓는다.)

분 급 / 집례자와 보좌위원들

(먼저 집례자가 떡과 함께 포도주를 먹고 마시거나, 혹은 떡을 떼어 포도주에 담갔다가 먹는다. 그리고 보좌위원들에게 떡과 포도주를 분급한 후, 이어서 회중에게 분급한다. 분급의 방법은 회중을 성만찬 대 앞으로 나오게 하는 방법이 좋겠지만, 현실적으로 총회나 연회에 회중이 많을 경우에는 경건한 분위기를 위하여 자리에 앉은 채로 분급하는 방법이 타당할 것이다. 성만찬 대 앞으로 나와서 분급을 받게 할 경우에는 순서에 따라 지정된 위치로 나오게 한다. 이때에 집례자는 떡을 주면서 "이는 그리스도의 몸입니다."라고 말한다. 그리고 회중은 목례를 하면서 "아멘." 하며 떡을 받는다. 이때에 왼손은 위로, 오른손은 아래로 십자형을 만들어 떡을 받은 후, 오른손으로 떡을 집어 포도주에 담갔다가 먹거나, 또는 떡과 함께 포도주 잔을 받은 후 먹고 마신다. 순서가 진행되는 동안 반주자가 찬송을 조용히 연주하고, 회중은 조용히 찬송하거나 기도한다.)

집례자 : (집례자는 떡을 주면서) 이는 '그리스도의 몸' 입니다.

회　중 : (받는 이는 목례를 하면서) 아멘.

(분급이 모두 끝나면 보좌위원들이 남은 떡과 포도주를 성만찬 대 위에 정리하고, 보로 덮는다.)

성만찬 찬송 227장(통 283장) 주 앞에 성찬 받기 위하여 4~5절 / 다함께

집례자 : 다함께 찬송가 227장 4, 5절을 부르겠습니다.

> 4. 온유한 주의 음성 듣고서 죄인은 와서 쉬임 얻으며
>   성도들 함께 참여하여서 베푸신 잔치 먹게 됩니다
> 5. 기도와 찬송 주께 드리고 주님의 떡과 잔을 받으니
>   내 맘에 주여 들어오셔서 주 말씀 따라 살게 하소서.
>   아멘.

성만찬 후 감사기도 / 다함께

집례자 : 이제 다함께 감사의 기도를 합시다.

다함께 : 우리를 위해 생명을 주시는 하나님 아버지,
　　　　이 거룩한 신비에 감사드리오며
　　　　성령의 능력 안에서 새 사람이 되어
　　　　하나님 나라가 이 땅 위에 임할 때까지
　　　　그리스도의 일꾼으로 살게 하여 주옵소서.
　　　　우리 주 예수 그리스도의 이름으로 기도합니다. 아멘.

병상세례 및 성만찬예식

(병상과 임종에서와 같이 긴급한 경우, 상황에 따라 약식으로 할 수도 있다.)

1) 병상세례 예문

(세례를 행하기 전에, 다음과 같이 세례의 의미에 대하여 간략하게 설명하는 것도 좋을 것이다.)

＊세례의 의미
1. 세례는 예수 그리스도의 죽으심과 부활에 동참하는 예식이다.
2. 세례는 과거의 죄를 사함 받고, 거듭나는 예식이다.
3. 세례는 하나님의 백성이 되어, 교회 공동체의 일원이 되는 예식이다.

집례 : 담임목사

기　도 / 집례자
　　인간의 생사화복을 주관하시는 하나님 아버지,
　　주님께서는 예수 그리스도의 이름으로 세례를 받는 모든 이에게
　　죄 사함을 약속하셨습니다.

이제 세례를 받으려는 ○ ○ ○ 씨(양, 군)를(을)

성령으로 충만하게 하사,

예수 그리스도의 죽으심과 부활에 동참하게 하여 주시기를

원합니다.

저가 세례를 통하여 구원의 확신을 얻게 하시고,

하나님의 새로운 피조물로 거듭나는 체험을 하게 하옵소서.

그리하여 ○ ○ ○ 씨(양, 군)가(이)

주님의 백성으로서 영원한 복을 받게 하시고,

하나님 나라에 들어가서 영생을 누리게 하옵소서.

부활의 소망이 되시는

예수 그리스도의 이름으로 기도합니다. 아멘.

신앙의 확증을 위한 문답 / 집례자와 세례 받을 이

(세례 받을 이가 말을 할 수 없을 경우에는 생략한다. 말을 할 수 있을 때
에는 집례자의 질문에 '아멘'으로 응답하여 문답의 통일을 이루거나, 혹
은 상황에 맞게 응답하게 할 수 있다.)

집   례   자 : 이제 하나님 앞에서 당신의 신앙을 진실한 마음으로
              고백하시기 바랍니다.

(문1) 집례자 : 당신은 모든 죄를 회개하며, 예수 그리스도를 당신
              의 구세주로 영접하였습니까?

세례 받을 이 : 아멘.(혹은 "예, 영접하였습니다."로 대답한다.)

(문2) 집례자 : 당신은 어떤 어려움과 아픔 속에서도 하나님의 사랑

과 은혜가 당신과 함께하심을 믿습니까?

세례 받을 이 : 아멘.(혹은 "예, 믿습니다."로 대답한다.)

(문3) 집례자 : 당신은 부활하신 예수 그리스도께서 당신을 위로하
시고, 천국으로 영접해 주실 것을 믿습니까?

세례 받을 이 : 아멘.(혹은 "예, 믿습니다."로 대답한다.)

성경봉독 (로마서 6:3~6) / 집례자

무릇 그리스도 예수와 합하여 세례를 받은 우리는 그의 죽으심
과 합하여 세례를 받은 줄을 알지 못하느냐 그러므로 우리가 그의
죽으심과 합하여 세례를 받음으로 그와 함께 장사되었나니 이는
아버지의 영광으로 말미암아 그리스도를 죽은 자 가운데서 살리심
과 같이 우리로 또한 새 생명 가운데서 행하게 하려 함이라 만일 우
리가 그의 죽으심과 같은 모양으로 연합한 자가 되었으면 또한 그
의 부활과 같은 모양으로 연합한 자도 되리라 우리가 알거니와 우
리의 옛 사람이 예수와 함께 십자가에 못 박힌 것은 죄의 몸이 죽어
다시는 우리가 죄에게 종 노릇 하지 아니하려 함이니라

세례 물에 대한 성결의 기도 / 집례자

(세례 대에 물을 부어 넣은 후에, 다음과 같이 기도한다.)

천지와 만물을 창조하신 하나님 아버지,

성례를 위하여 우리에게 이 물을 주시니 감사합니다.

예수님께서는 물과 성령으로 세례를 받으시고,

제자들을 부르사 세례를 통해

그리스도의 죽으심과 부활에 연합하게 하셨으며,

모든 나라 백성을 그리스도의 제자로 삼아 주셨습니다.

이제 하나님께서 이 물을 성별하옵소서.

성령의 능력이 이 물 위에 임하셔서

세례 받는 이의 죄를 씻어 주시고, 새 사람으로 변화시켜 주사,

부활하신 예수 그리스도와 함께, 영원히 살게 하옵소서.

우리를 죄와 죽음에서 구원하신

예수 그리스도의 이름으로 기도합니다. 아멘.

세 례 / 집례자

(세례의 방법은 물을 뿌리는 방식을 사용한다. 집례자는 성부와 성자와 성령의 이름으로, 세례 받을 이의 머리 위에 물을 세 번 뿌린다. 이때에 집례자는 '성부와' 라고 말하면서 물을 찍어 머리 위에 뿌리고, '성자와' 라고 말하면서 다시 물을 찍어 머리 위에 뿌린 후에, '성령의 이름으로' 라고 말하면서 물을 찍어 머리 위에 뿌린다.)

집례자 : ○○○, 내가 성부와 성자와 성령의 이름으로 세례를 주
　　　　노라.

회　중 : 아멘.

안 수 / 집례자

(집례자가 세례 받는 이를 위하여, 머리 위에 손을 얹고 간단하게 축복의 기도를 한다.)

기 도 / 집례자

우리의 소망이 되시는 하나님 아버지,

○○○씨(양, 군)에게 물과 성령으로 세례를 베푸사

하나님의 자녀로 거듭나게 하심을 감사합니다.

이 사람의 모든 죄를 용서하시고,

부활의 삶을 허락하여 주시기를 원합니다.

성령께서 저에게 임재하시어

언제나 하나님의 사랑과 은혜를 기억하며,

구원의 기쁨과 소망 안에서 살게 하옵소서.

(임종의 긴급한 경우에 다음 내용을 추가한다.)

이제 성령께서 ○○○씨(양, 군)에게

구원의 확신을 허락하셔서,

천국에 이를 때에 주님의 영접을 받아 영원히 안식하게 하옵소서.

우리에게 영생을 주시는

예수 그리스도의 이름으로 기도합니다. 아멘.

주님의 기도 / 다함께

2) 병상 성만찬

(성만찬을 행하기 전에, 다음과 같이 성만찬의 의미에 대하여 간략하게 설명하는 것도 좋다.)

* 성만찬의 의미

1. 성만찬은 과거에 십자가에서 죽임을 당하시고 부활하신 예수 그리스도의 희생을 기념하고, 재연하는 예식이다.
2. 성만찬은 예수 그리스도께서 성령을 통하여 현재적으로 임재하는 예식이다.
3. 성만찬은 장차 하나님의 나라에서 먹게 될 천국식사를 미리 맛보는 거룩한 예식이다.

집례 : 담임목사

성만찬 기도 / 집례자

사랑과 은혜의 하나님 아버지,
○○○씨(양, 군)를(을) 하나님의 자녀로 받아 주셔서,
주님의 살과 피를 먹고 마시게 하심을 감사합니다.
이제 성만찬에 참여하는 ○○○씨(양, 군)를(을)
성령으로 충만하게 하사,
예수 그리스도의 구속의 은혜를 깨닫고,
주님의 임재를 체험하며 소망의 천국으로 인도하옵소서.
우리 주 예수 그리스도의 이름으로 기도합니다. 아멘.

성만찬 제정사 / 집례자

주님께서 자신의 몸을 내어 주시던 밤,

떡을 손에 드시고, (집례자는 떡을 두 손으로 든다.)

감사기도를 드리신 다음, 떼어

제자들에게 주시며 말씀하셨습니다.

"받아먹어라. 이는 너희를 위해 내어 주는 나의 몸이니

먹을 때마다 나를 기억하여라." (떡을 내려놓는다.)

식후에, 주님께서는 잔을 드시고 (잔을 두 손으로 든다.)

감사기도를 드리신 후에,

제자들에게 돌리시며 말씀하셨습니다.

"이 잔을 마시라. 이는 죄 사함을 얻게 하려고 많은 사람을 위해

흘린 새 언약의 피니 이를 행할 때마다 나를 기념하여라." (잔을

내려놓는다.)

성령임재의 기원 / 집례자

(집례자는 떡과 잔 위에 손을 얹고 기도한다.)

거룩하신 하나님,

일찍이 주님께서 세상에 보내셨던 성령을

지금 다시 보내 주사

진설된 떡과 포도주 위에 임하셔서

이 식탁을 성별하옵소서.

또한 성령께서 여기 모인 우리 위에 함께하사

이 떡과 포도주로 영원한 생명의 양식이 되게 하시며,

이를 먹고 마심으로 그리스도의 새로운 몸을 입어

세상을 변화시키는 능력이 되게 하옵소서.

우리 주 예수 그리스도의 이름으로 기도합니다. 아멘.

분 급 / 집례자

(분급의 방법은 환자의 상황에 따라서 해야 한다. 환자가 성만찬을 받아

먹을 수 없는 경우에는 집례자가 직접 먹여 준다.)

집례자 : (집례자가 떡을 주면서)

　　　　이는 '그리스도의 몸' 입니다.

　　　　(집례자가 잔을 주면서)

　　　　이는 '그리스도의 피' 입니다.

성만찬 후 감사기도 / 집례자

구원의 주 하나님, ○○○씨(양, 군)를(을)

주님의 거룩한 식탁에 부르시고 생명의 양식을 주시며,

성령으로 충만하게 하시니 감사합니다.

죄와 사망을 이기시고 부활하신 주님께서

세상 끝 날까지 저와 함께하사,

장차 들어갈 하나님의 나라에서 성도의 유업을 누리게 하옵소서.

주님께서 ○○○씨(양, 군)에게

구원의 확신과 영생의 소망을 주셔서

두려움과 의심을 이기고 하나님 나라를 바라보게 하시며,

낙원의 안식을 누리게 하옵소서.

우리 주 예수 그리스도의 이름으로 기도합니다. 아멘.

II. 혼례

약혼예식 · 결혼예식

국제결혼예식 · 결혼기념예식

약혼예식

집례 : 담임목사

예식사 / 집례자

　지금부터 ○○○군과 ○○○양의 약혼예식을 시작합니다. 두 사람의 앞날에 하나님의 크신 복이 임하기를 기원하며, 경건하고 진지한 마음으로 참여해 주시기 바랍니다.

찬　송 383장(통 433장) 눈을 들어 산을 보니 / 다함께

　1. 눈을 들어 산을 보니 도움 어디서 오나
　　천지 지은 주 하나님 나를 도와주시네
　　나의 발이 실족않게 주가 깨어 지키며
　　택한 백성 항상 지켜 길이 보호하시네
　2. 도우시는 하나님이 네게 그늘 되시니
　　낮의 해와 밤의 달이 너를 상치 않겠네
　　네게 화를 주지 않고 혼을 보호하시며
　　너의 출입 지금부터 영영 인도하시리. 아멘.

기　도 / 집례자

　인생을 주관하시는 하나님 아버지,

　오늘 하나님과 여러 가족, 친지들 앞에서

○○○군과 ○○○양의 약혼예식을 행하게 하심을 감사합니다.
이 두 사람을 세상에 보내 주시고 오늘에 이르기까지
주님의 은총과 사랑으로 성장하게 하시니 감사합니다.
이제 주님의 뜻을 따라 두 사람의 결혼을 약속하는 이 자리에
하나님께서 함께하셔서,
복과 은혜를 내려 주시기를 원합니다.
이들의 약속이 주님의 인도하심으로 변치 않게 하시며,
앞으로 결혼할 때까지
서로에 대한 사랑과 믿음이 더욱 깊어지게 하셔서
주님의 은총 가운데 복된 결혼으로 이어지게 하옵소서.
우리 주 예수 그리스도의 이름으로 기도합니다. 아멘.

성경봉독 (고린도전서 13:1~7) / 집례자

내가 사람의 방언과 천사의 말을 할지라도 사랑이 없으면 소리 나는 구리와 울리는 꽹과리가 되고 내가 예언하는 능력이 있어 모든 비밀과 모든 지식을 알고 또 산을 옮길 만한 모든 믿음이 있을지라도 사랑이 없으면 내가 아무 것도 아니요 내가 내게 있는 모든 것으로 구제하고 또 내 몸을 불사르게 내줄지라도 사랑이 없으면 내게 아무 유익이 없느니라 사랑은 오래 참고 사랑은 온유하며 시기하지 아니하며 사랑은 자랑하지 아니하며 교만하지 아니하며 무례히 행하지 아니하며 자기의 유익을 구하지 아니하며 성내지 아니하며 악한 것을 생각하지 아니하며 불의를 기뻐하지 아니하며 진리와 함께 기뻐하고 모든 것을 참으며 모든 것을 믿으며 모든 것을 바라며 모든 것을 견디느니라

(참고 / 갈라디아서 3:15; 시편 1:1~6)

권면의 말씀 / 집례자

약혼 서약 / 약혼 당사자
(집례자가 양가 부모에게 약혼 허락 여부를 물은 다음, 약혼 당사자에게
는 약혼서약을 하게 한다. 집례자의 질문에 대하여 상황에 맞게 응답하
게 할 수 있다.)

집례자 : 이제 하나님과 여러 증인들 앞에서 서약 문답을 합니다.
　　　　진실한 마음으로 대답하시기 바랍니다.

양가 부모에게
집 례 자 : 먼저 양가 부모에게 묻습니다. 오늘 이 두 사람의 약혼이
　　　　　하나님의 뜻임을 믿으며, 기쁜 마음으로 허락하십니까?
양가 부모 : 예.

약혼하는 남녀에게
집례자 : 당사자인 두 사람에게 묻습니다. ○○○군과 ○○○양은
　　　　오늘 이 약혼이 하나님의 섭리 안에서 이루어진 것임을 믿
　　　　으며, 감사하는 마음으로 서약합니까?
약혼자 : 예.
집례자 : ○○○군과 ○○○양, 두 사람이 결혼할 것을 약속하고,
　　　　결혼하는 그날까지 신실한 그리스도인으로서 서로 예의

를 지키며 교제하기로 서약합니까?

약혼자 : 예.

약혼 감사(또는 축복)기도 / 집례자

세상만물을 지으시고 다스리시는 하나님 아버지,

오늘 ○○○군과 ○○○양이

하나님의 섭리 안에서 약혼하게 하심을 감사합니다.

이 두 사람이 결혼하기까지 서로 사랑과 존경으로 대하게 하시며,

섬김과 배려의 마음을 배워가도록 인도하옵소서.

앞으로 주님의 은혜로 저들을 지켜 주사

하나님의 인도하심 가운데 신앙생활에 최선을 다하여

행복한 믿음의 가정을 이루게 하옵소서.

또한 지금까지 이 두 사람을 희생으로 키워 주신

양가의 부모와 가족들에게

주님의 사랑으로 함께 해 주시기를 원하오며,

그 모든 삶에 주님의 은혜와 복으로 채워 주옵소서.

가정을 세우시고 복 주시는

예수 그리스도의 이름으로 기도합니다. 아멘.

예물 교환 / 약혼 당사자

약혼 공포 / 집례자

(약혼 당사자들이 성경 위에 각각 한 손씩 얹게 하고 공포한다.)

○○○군과 ○○○양이

오늘 하나님과 여러 증인들 앞에서
피차 굳은 서약을 하고 약혼하였음을
성부와 성자와 성령의 이름으로 공포합니다. 아멘.

소　개 / 집례자 혹은 친구(약혼하는 남녀를 간단히 소개한다.)

축　가 / 맡은이(상황에 따라 생략할 수 있다.)

인사와 알리는 말씀 / 가족 중

찬　송 384장(통 434장) 나의 갈 길 다 가도록 / 다함께
　　1. 나의 갈 길 다 가도록 예수 인도하시니
　　　내 주 안에 있는 긍휼 어찌 의심하리요
　　　믿음으로 사는 자는 하늘 위로 받겠네
　　　무슨 일을 만나든지 만사형통 하리라
　　　무슨 일을 만나든지 만사형통 하리라
　　2. 나의 갈 길 다 가도록 예수 인도하시니
　　　어려운 일 당한 때도 족한 은혜 주시네
　　　나는 심히 고단하고 영혼 매우 갈하나
　　　나의 앞에 반석에서 샘물 나게 하시네
　　　나의 앞에 반석에서 샘물 나게 하시네
　　3. 나의 갈 길 다 가도록 예수 인도하시니
　　　그의 사랑 어찌 큰지 말로 할 수 없도다
　　　성령감화 받은 영혼 하늘나라 갈 때에

영영 부를 나의 찬송 예수 인도하셨네

영영 부를 나의 찬송 예수 인도하셨네. 아멘.

축 도 / 맡은이

(예식 후 축하 순서에는 양가 가족 소개, 축하 케이크 절단, 약혼 당사자
들의 다짐 낭송, 간단한 음식을 함께 나누는 친교시간을 가질 수 있다.)

결혼예식

집례 : 담임목사

입 장 /

교회 안에서 행할 경우

① 집례자는 예배당 입구에서 양가 부모, 신랑신부를 맞아 인사
   를 나눈 후 입장한다.

② 입장은 촛불점화자, 집례자, 양가 부모 순으로 한다. 행진하
   는 동안에는 회중이 모두 일어서서 함께 찬송하거나 악기 연
   주나 찬양대의 찬양이 있을 수 있다. 반주나 찬송이 끝난 후
   에, 신랑의 부모는 집례자가 보는 방향에서 오른편에 준비된
   좌석에 앉고, 신부의 부모는 왼편에 준비된 좌석에 앉는다.

③ 신랑신부가 입장한 뒤에 신랑은 집례자의 오른편에, 신부는
   왼편에 서도록 한다.

④ 보다 간단한 입장을 원한다면, 집례자가 먼저 강단에 서 있고
   양가 부모와 신랑신부가 함께 입장할 수도 있다.

⑤ 지금까지 일반적으로 해 오던 대로 신랑이 먼저 입장하고, 신
   부가 친권자와 함께 입장하여 신랑에게 넘겨지는 방식을 택
   할 수도 있다.

교회 밖에서 행할 경우

④와 ⑤의 방법을 병행하여 진행하되, 집례자가 먼저 강단 위에 서 있고, 촛불 점화는 양가 어머니들이 신랑신부의 입장 전에 하고, 양가 부모가 신랑신부와 함께 입장할 때에는 입장하여 바로 점화한다.

예식사 / 집례자

우리 주 예수 그리스도의 은혜와 하나님의 사랑과 성령의 교통하심이 여러분 위에 함께하시기를 바랍니다. 결혼은 하나님의 섭리 안에서 베풀어 주시는 귀한 선물이며, 예수님께서도 가나의 혼인잔치에서 축복해 주신 일입니다.

오늘 결혼하는 신랑신부 두 사람이 믿음과 사랑 안에서 천국생활을 이루어 행복하게 살기를 기원하면서 결혼예식을 시작합니다.

하객 여러분께서는 두 사람의 결혼을 신성하게 여겨, 경건한 마음으로 이 예식에 참여해 주시기 바랍니다.

찬 송 605장(통 287장) 오늘 모여 찬송함은 / 다함께

1. 오늘 모여 찬송함은 형제자매 즐거움
   거룩하신 주 뜻대로 혼인예식 합니다
   신랑신부 이 두 사람 한 몸 되게 하시고
   온 집안이 하나 되고 한 뜻 되게 하소서
2. 세상에서 사는 동안 한 길 가게 하시고
   맘과 뜻이 하나 되어 주 따르게 하소서
   서로 믿고 존경하며 서로 돕고 사랑해

고와 낙을 함께하며 승리하게 하소서

3. 아버지여 우리들이 기도하고 바람은
   저들 부부 세상에서 해로하게 하소서
   이 두 사람 감화하사 항상 주를 섬기며
   이 세상을 살아갈 때 행복하게 하소서. 아멘.

결혼 의사 확인 / 집례자

회중에게

집례자 : 두 사람을 하나로 맺어 주는 이 거룩한 예식의 증인이 된
여러분에게 묻습니다. 만일 여러분 중에 혹시 이 두 사람
이 합법적으로 결혼할 수 없는 이유가 있다면 지금 말씀해
주시기 바랍니다.

(잠시 시간이 흐른 뒤에, 회중에게 다시 묻는다.)

이의가 없으신 줄로 알고 이제 다시 묻겠습니다. 여러분
은 이 두 사람이 결혼하여 한 가정을 이루게 되는 것을 기
쁜 마음으로 받아들이시겠습니까?

회 중 : 예.(혹은 "예, 받아들입니다."로 대답한다.)

신랑신부에게

집례자 : 이제 신랑과 신부에게 묻습니다. 신랑 ○○○군과 신부 ○
○○양은 서로 아내와 남편으로 맞아 서로 사랑하고 위로
하며, 존경하고 지켜 주는 가운데 성실하게 살아갈 것을
약속하시겠습니까?

신랑 · 신부 : 예.(혹은 "예, 약속합니다."로 대답한다.)

양가 부모에게

집례자 : 이제 양가의 부모와 어른들에게 묻습니다.

　　　　여러분은 새로 태어나는 이 가정을

　　　　기쁨으로 받아들이고, 축복하시겠습니까?

양가 부모 : 예.(혹은 "예 축복합니다."로 대답한다.)

기　도 / 집례자 혹은 맡은이

(맡은이가 기도할 경우에는 상황에 따라 자유롭게 준비하여 기도하는 것
이 좋다.)

　　사랑과 은혜의 하나님 아버지,

　　신랑 ○○○군과 신부 ○○○양이 오늘의 결혼에 이르기까지

　　은혜와 사랑으로 인도해 주셔서 감사합니다. .

　　이 시간 두 사람이 하나님과 여러 증인들 앞에서

　　거룩한 결혼예식을 행하여 부부가 되고자 하오니

　　서로 진실한 마음으로 서약하여, 신성한 가정을 이루게 하옵소서.

　　하나님의 은혜가 신랑신부에게 차고 넘침으로

　　행복한 가정을 이루게 하옵소서.

　　또한 우리 모두 가정을 통해 주시는 주님의 교훈을 깨닫게 하여

　　주옵소서.

　　이 예식이 성령이 임재하시는 가운데 진행되기를

　　간절히 원하오며,

　　우리 주 예수 그리스도의 이름으로 기도합니다. 아멘.

성경봉독(마가복음 10:6~9) / 집례자

창조 때로부터 사람을 남자와 여자로 지으셨으니 이러므로 사람이 그 부모를 떠나서 그 둘이 한 몸이 될지니라 이러한즉 이제 둘이 아니요 한 몸이니 그러므로 하나님이 짝지어 주신 것을 사람이 나누지 못할지니라 하시더라

(참고 / 에베소서 5:22~33)

권면의 말씀 / 집례자

혼인 서약 / 신랑신부

집례자 : 우리의 마음을 살피시는 하나님 앞과 여러 증인들 앞에서 이제 신랑신부 두 사람이 혼인서약을 맺고자 합니다.

신랑신부 두 사람은 명확한 음성으로 서약하시기 바랍니다.

(미리 준비된 서약서를 신랑, 신부에게 주어서 읽게 한다.)

신 랑 : 나, 〇〇〇는(은) 그대 〇〇〇를(을) 아내로 맞아 이제부터 평생토록 즐거우나 괴로우나, 부할 때나 가난할 때나, 병들거나 건강하거나, 어떤 환경 중에서라도 그대를 귀중히 여기고 사랑하며, 하나님의 거룩한 명령에 따라 죽음이 우리를 나눌 때까지, 이 약속을 지키기로 하나님 앞과 여러 증인들 앞에서 서약합니다.

신 부 : 나, 〇〇〇는(은) 그대 〇〇〇를(을) 남편으로 맞아 이제부터 평생토록 즐거우나 괴로우나, 부할 때나 가난할 때나, 병들거나 건강하거나, 어떤 환경 중에서라도 그대를 귀중히 여기고 사랑하며, 하나님의 거룩한 명령에 따라 죽음이 우리를

나눌 때까지, 이 약속을 지키기로 하나님 앞과 여러 증인들 앞에서 서약합니다.

예물 교환 / 신랑신부

(결혼반지를 교환하는 경우에는 먼저 집례자가 반지를 받아 들고 다음과 같이 말한다.)

집례자 : 결혼반지는 신랑과 신부가 하나님의 은총 안에서 결혼을 통해 하나가 되었음을 보여 주는 거룩한 징표입니다. 하나님의 신령한 은혜가 이 반지 위에 임하도록 다함께 기도합시다.

(반지를 들고)

하나님 아버지, 이 반지를 성별하옵소서.

이 반지를 간직할 이들이

주님의 평강과 사랑 안에 머물게 하시고,

하나님이 맺어 주신 가정을

소중히 지켜가도록 인도하옵소서.

예수 그리스도의 이름으로 기도합니다. 아멘.

신 랑 : (집례자에게 반지를 받아 신부의 왼손 무명지에 끼워 주며, 준비된 서식에 따라 다음과 같이 크게 말한다.)

오늘 우리가 맺은 결혼 서약의 증거와 영원한 사랑의 징표로서 이 반지를 신부 ○○○에게 드립니다. 아멘.

신 부 : (집례자에게 반지를 받아 신랑의 왼손 무명지에 끼워 주며, 준비된 서식에 따라 다음과 같이 크게 말한다.)

오늘 우리가 맺은 결혼 서약의 증거와 영원한 사랑의 징표
로서 이 반지를 신랑 ○○○에게 드립니다. 아멘.

결혼 감사(또는 축복)기도 / 집례자

사랑이 충만하신 하나님 아버지,
하나님의 섭리와 은혜 안에서 이 두 사람이 혼인예식을 행하여
부부가 되게 하시니 감사합니다.
이들이 오늘 하나님 앞에서 맺은 서약을 신실하게 지키고,
서로 사랑하고 섬김으로
복되고 평화로운 가정을 이루게 하옵소서.
사랑의 주님,
지금까지 두 사람을 희생으로 키워 주신
양가의 부모와 가족들을 돌봐 주시기를 원합니다.
이제 새 가정을 이룬 두 사람이 신실한 믿음으로
신앙생활에 최선을 다하게 하시며,
가정의 천국을 이루어 항상 하나님께 영광을 돌리게 하옵소서.
또한 주님의 몸 된 교회 안에서 말씀과 성령으로 양육 받아
그리스도의 제자 된 사명을 잘 감당하게 하옵소서.
이제 이 두 사람이 한 가정을 이루어 사회의 일원이 되었사오니,
나라에 대한 의무와 사회적 책임을 성실히 감당하여
이웃에게 유익을 끼치는 가정이 되게 하옵소서.
우리 주 예수 그리스도의 이름으로 기도합니다. 아멘.

성혼 공포 / 집례자

(신랑신부가 각각 한 손을 성경 위에 얹게 한 후 공포한다.)

　신랑 ○○○군과 신부 ○○○양이

　오늘 하나님 앞과 여러 증인들 앞에서

　거룩한 결혼예식을 행하여

　영원히 변하지 않는 성경 위에 손을 얹어

　피차 엄숙히 서약하였으니,

　내가 성부와 성자와 성령의 이름으로

　이 두 사람이 부부가 되었음을 공포합니다.

　무릇 하나님께서 짝 지어 주신 것을 사람이 나누지 못할지니라.

　아멘.

축혼가 / 맡은이

인사와 알리는 말씀 / 맡은이

찬　송 1장(통 1장) 만복의 근원 하나님 / 다함께

　만복의 근원 하나님 온 백성 찬송 드리고

　저 천사여 찬송하세 찬송 성부 성자 성령. 아멘.

축　도 / 집례자

신랑신부 인사 / 신랑신부

(신랑 신부는 맞절을 한 후, 양가 부모와 회중에게 인사한다. 회중에게

인사할 때에는 양가 부모도 함께 인사한다.)

신랑신부 새 출발 / 신랑신부
(신랑신부가 양가 부모와 함께 행진할 때에, 회중은 축하의 뜻으로 일어서서 박수친다.)

국제결혼예식

(오늘날 세계는 국제교류가 잦아지면서 국제결혼이 늘어가는 추세다. 국적이 다른 두 사람이 결혼을 하는 경우에는 일반 결혼식과 형식은 같되, 결혼 의사 확인과 서약에서 상대방의 나라에 따라 그 나라의 말로 하게 한다. 국제결혼이므로 그 나라 전통에 따른 상징적인 순서를 알맞게 다듬어 사용할 수 있다.)

집례 : 담임목사

예식사 / 집례자

　우리 주 예수 그리스도의 은혜와 하나님의 사랑과 성령의 교통하심이 여러분과 함께하시기 바랍니다. 결혼은 하나님의 섭리 안에서 베풀어 주시는 귀한 선물이며, 예수님께서도 가나의 혼인잔치에서 축복해 주신 일입니다.

　오늘 결혼하는 신랑신부 두 사람이 믿음과 사랑 안에서 천국생활을 이루어 행복하게 살기를 기원하면서 결혼예식을 시작합니다.

　하객 여러분께서는 두 사람의 결혼을 신성하게 여겨, 경건한 마음으로 이 예식에 참여해 주시기 바랍니다.

찬 송 605장(통 287장) 오늘 모여 찬송함은 / 다함께

　1. 오늘 모여 찬송함은 형제자매 즐거움

거룩하신 주 뜻대로 혼인예식 합니다

신랑신부 이 두 사람 한 몸 되게 하시고

온 집안이 하나 되고 한 뜻 되게 하소서

2. 세상에서 사는 동안 한 길 가게 하시고

맘과 뜻이 하나 되어 주 따르게 하소서

서로 믿고 존경하며 서로 돕고 사랑해

고와 낙을 함께하며 승리하게 하소서

3. 아버지여 우리들이 기도하고 바람은

저들 부부 세상에서 해로하게 하소서

이 두 사람 감화하사 항상 주를 섬기며

이 세상을 살아갈 때 행복하게 하소서. 아멘.

결혼 의사 확인(The Declaration of Intention) / 집례자

회중에게

집례자 : 두 사람을 하나로 맺어 주는 이 거룩한 예식에 증인이 된
여러분에게 묻습니다. 만일 여러분 중에 혹시 이 두 사람
이 합법적으로 결혼할 수 없는 이유가 있다면 지금 말씀해
주시기 바랍니다.

(잠시 시간이 흐른 뒤에, 회중에게 다시 묻는다.)

이의가 없으신 줄로 알고 이제 다시 묻겠습니다. 여러분은
이 두 사람이 결혼하여 한 가정을 이루는 것을 기쁜 마음
으로 받아들이시겠습니까?

회　중 : 예.(혹은 "예, 받아들입니다."로 대답한다.)

신부에게

집례자 : ○ ○ ○(신부 이름), will you have ○ ○ ○(신랑 이름) to be your husband, to live together in the covenant of marriage?

Will you love him, comfort him, honor and keep him, in sickness and in health, and forsaking all others, be faithful to him as long as you both shall live?

신　부 : I will.

신랑에게

집례자 : ○ ○ ○(신랑 이름), will you have ○ ○ ○(신부 이름) to be your wife, to live together in the covenant of marriage?

Will you love her, comfort her, honor and keep her, in sickness and in health, and forsaking all others, be faithful to her as long as you both shall live?

신　랑 : I will.

양가 부모에게

집례자 : 이제 양가의 부모와 어른들에게 묻습니다.

여러분은 새로 태어나는 이 가정을 기쁨으로 받아들이고, 축복하시겠습니까?

양가 부모 : 예.(혹은 "예, 축복합니다."로 대답한다.)

기 도 / 집례자 혹은 맡은이

(맡은이가 기도할 경우에는 상황에 따라 자유롭게 준비하여 기도하는 것도 좋다.)

사랑과 은혜의 하나님 아버지,

신랑 ○○○군과 신부 ○○○양이 오늘 결혼에 이르기까지

은혜와 사랑으로 인도해 주심을 감사드립니다.

이 시간 이 두 사람이 하나님과 여러 증인들 앞에서

거룩한 결혼예식을 행하여 부부가 되고자 하오니

서로 진실한 마음으로 서약하여, 신성한 가정을 이루게 하옵소서.

또한 우리 모두 가정을 통해 주시는 주님의 교훈을 깨닫게 하시며,

하나님의 은혜가 신랑신부에게 차고 넘침으로

행복한 가정을 이루게 하옵소서.

이 예식이 성령이 임재하시는 가운데 진행되기를

간절히 원하오며,

우리 주 예수 그리스도의 이름으로 기도합니다. 아멘.

성경봉독(마가복음 10:6~9) / 집례자

창조 때로부터 사람을 남자와 여자로 지으셨으니 이러므로 사람이 그 부모를 떠나서 그 둘이 한 몸이 될지니라 이러한즉 이제 둘이 아니요 한 몸이니 그러므로 하나님이 짝지어 주신 것을 사람이 나누지 못할지니라 하시더라

(참고 / 에베소서 5:22~33)

권면의 말씀 / 집례자

혼인 서약(Marriage Vows) / 신랑신부

집례자 : 우리의 마음을 살피시는 하나님 앞과 여러 증인들 앞에서
이제 신랑신부 두 사람이 혼인서약을 맺고자 합니다.
신랑신부 두 사람은 명확한 음성으로 서약하시기 바랍니다.
(신랑신부는 회중을 보고 서서 본인들 스스로 자연스럽게 서약
한다. 또는 성경에 손을 얹고 서약한다.)

집례자 : Join your hands and declare your vows.

신　랑 : In the presence of God and this community
I, ○○○(신랑 이름), take you, ○○○(신부 이름),
to be my wife;
to have and to hold from this day forward,
in joy and in sorrow, in plenty and in want,
in sickness and in health, to love and to cherish,
as long as we both shall live.
This is my solemn vow.

신　부 : In the presence of God and this community
I, ○○○(신부 이름), take you, ○○○(신랑 이름),
to be my husband,
to have and to hold from this day forward,
in joy and in sorrow, in plenty and in want,
in sickness and in health, to love and to cherish,

as long as we both shall live.

This is my solemn vow.

예물 교환 (Exchange of Rings) / 신랑신부

집례자 : (반지를 들고 다음과 같이 기도한다.)

Bless, O Lord, the giving of these rings;

may they who wear them live in love and fidelity,

and continue in your service all the days of their

lives, through Jesus Christ our Lord. Amen.

신　랑 : (반지를 신부의 손가락에 끼워 주며 모든 사람 이 들을 수 있도록
말한다.)

○○○(신부 이름), I give you this ring, as a sign of the

covenant we have made today.

In the name of the Father and of the Son and of the

Holy Spirit.

신　부 : (반지를 신랑의 손가락에 끼워 주며 모든 사람이 들을 수 있도록
말한다.)

○○○(신랑 이름), I give you this ring, as a sign of the

covenant we have made today.

In the name of the Father and of the Son and of the

Holy Spirit.

결혼 감사(또는 축복)기도 / 집례자

사랑이 충만하신 하나님 아버지,

하나님의 섭리와 은혜 안에서
이 두 사람이 혼인예식을 행하여 부부가 되게 하시니 감사합니다.
이들이 오늘 하나님 앞에서 맺은 서약을 신실하게 지키고,
서로 사랑하고 섬김으로
복되고 평화로운 가정을 이루게 하옵소서.
사랑의 주님,
지금까지 두 사람을 희생으로 키워 주신
양가의 부모와 가족들을 돌봐 주시기를 원합니다.
이제 새 가정을 이룬 두 사람이 신실한 믿음으로
신앙생활에 최선을 다하게 하시며,
가정의 천국을 이루어 항상 하나님께 영광을 돌리게 하옵소서.
또한 주님의 몸 된 교회 안에서 말씀과 성령으로 양육 받아
그리스도의 제자 된 사명을 잘 감당하게 하옵소서.
이제 이 두 사람이 한 가정을 이루어 사회의 일원이 되었사오니,
나라에 대한 의무와 사회적 책임을 성실히 감당하여
이웃에게 유익을 끼치는 가정이 되게 하옵소서.
우리 주 예수 그리스도의 이름으로 기도합니다. 아멘.

성혼 공포 / 집례자

(신랑신부가 각각 한 손을 성경 위에 얹게 한 후 공포한다.)

신랑 ○○○군과 신부 ○○○양이
오늘 하나님 앞과 여러 증인들 앞에서
거룩한 결혼예식을 행하여
영원히 변하지 않는 성경 위에 손을 얹어

피차 엄숙히 서약하였으니,

내가 성부와 성자와 성령의 이름으로

이 두 사람이 부부가 되었음을 공포합니다.

무릇 하나님께서 짝 지어 주신 것을 사람이 나누지 못할지니라.

아멘.

축혼가 / 맡은이

인사와 알리는 말씀 / 맡은이

찬 송 1장(통 1장) 만복의 근원 하나님 / 다함께

　만복의 근원 하나님 온 백성 찬송 드리고

　저 천사여 찬송하세 찬송 성부 성자 성령. 아멘.

축 도 / 집례자

신랑신부 인사 / 신랑신부

(신랑신부는 맞절을 한 후, 양가 부모와 회중에게 인사한다. 회중에게 인사할 때에는 양가 부모도 함께 인사한다.)

신랑신부 새 출발 / 신랑신부

(신랑신부가 양가 부모와 함께 행진할 때에, 회중은 축하의 뜻으로 일어서서 박수친다.)

결혼기념예식

입 장 / 남편과 아내

인사와 소개 / 집례자

이제 ○○○(장로, 권사, 권사, 성도)와 ○○○(장로, 권사, 집사, 성도)의 결혼(○○주년, 금혼, 은혼)기념예식을 시작합니다.

일찍이 두 사람이 하나님과 여러 증인 앞에서 맺었던 결혼서약을 다시 확인하고, 하나님께서 베풀어 주신 결혼의 신성함을 되새겨 보고자 합니다.

이제 결혼기념식을 거행하는 두 사람을 축하하며, 앞날의 행복을 기원하는 마음으로 예식에 참여하시기 바랍니다.

찬 송 301장(통 460장) 지금까지 지내온 것 / 집례자

1. 지금까지 지내온 것 주의 크신 은혜라
   한이 없는 주의 사랑 어찌 이루 말하랴
   자나 깨나 주의 손이 항상 살펴 주시고
   모든 일을 주 안에서 형통하게 하시네
2. 몸도 맘도 연약하나 새 힘 받아 살았네
   물 붓듯이 부으시는 주의 은혜 족하다

사랑 없는 거리에나 험한 산길 헤맬 때
주의 손을 굳게 잡고 찬송하며 가리라
3. 주님 다시 뵈올 날이 날로 날로 다가와
무거운 짐 주께 맡겨 벗을 날도 멀잖네
나를 위해 예비하신 고향 집에 돌아가
아버지의 품 안에서 영원토록 살리라.

기 도 / 집례자

가정을 세우시고 인도하시는 하나님 아버지,
독생자 예수 그리스도를 통하여 보여 주신 무한한 사랑에 감사
합니다.
하나님의 크신 사랑과 섭리 가운데 이 두 사람이 한 가정을 이루어
○○년 동안 동고동락하며 살아왔습니다.
언제나 서로에게서 기쁨을 발견하면서,
생명이 다하는 순간까지 신실한 동반자로 살게 하옵소서.
서로의 마음속에 항상 소중한 사람으로 자리하게 하시며,
늘 하나님과 동행하는 복 있는 삶으로 인도하시기를 간절히 원
합니다.
또한 주님께서 주시는 귀한 은혜가
이 두 사람에게 차고 넘치게 하셔서
이웃들에게도 주님의 사랑을 드러내게 하옵소서.
앞으로 이들이 더욱 믿음 안에서 하나 되어
거룩하고 아름다운 가정 천국을 이루게 하옵소서.
우리 주 예수 그리스도의 이름으로 기도합니다. 아멘.

성경봉독(베드로전서 3:1~9) / 집례자

아내들아 이와 같이 자기 남편에게 순종하라 이는 혹 말씀을 순종하지 않는 자라도 말로 말미암지 않고 그 아내의 행실로 말미암아 구원을 받게 하려 함이니 너희의 두려워하며 정결한 행실을 봄이라 너희의 단장은 머리를 꾸미고 금을 차고 아름다운 옷을 입는 외모로 하지 말고 오직 마음에 숨은 사람을 온유하고 안정한 심령의 썩지 아니할 것으로 하라 이는 하나님 앞에 값진 것이니라 전에 하나님께 소망을 두었던 거룩한 부녀들도 이와 같이 자기 남편에게 순종함으로 자기를 단장하였나니 사라가 아브라함을 주라 칭하여 순종한 것 같이 너희는 선을 행하고 아무 두려운 일에도 놀라지 아니하면 그의 딸이 된 것이니라 남편들아 이와 같이 지식을 따라 너희 아내와 동거하고 그를 더 연약한 그릇이요 또 생명의 은혜를 함께 이어받을 자로 알아 귀히 여기라 이는 너희 기도가 막히지 아니하게 하려 함이라 마지막으로 말하노니 너희가 다 마음을 같이하여 동정하며 형제를 사랑하며 불쌍히 여기며 겸손하며 악을 악으로, 욕을 욕으로 갚지 말고 도리어 복을 빌라 이를 위하여 너희가 부르심을 받았으니 이는 복을 이어받게 하려 하심이라

권면의 말씀 / 집례자

다시 서약하기 / 남편과 아내
(남편과 아내가 서로 마주보게 하거나 손을 맞잡게 한다.)

집례자 : 우리의 마음속까지 살피시는 하나님 앞과 여러 증인들 앞

에서 두 사람이 새롭게 혼인 서약을 하겠습니다.

(미리 준비된 서약서를 남편, 아내에게 주어서 읽게 한다.)

남　편 : 나, ○○○는

사랑하는 ○○○의 남편이 된 것을 기쁘게 생각합니다.

이제부터 평생토록 즐거우나 괴로우나

부하거나 가난하거나 병들거나 건강하거나

어떤 환경 중에서라도 그대를 귀중히 여기고 사랑하며

하나님의 거룩한 명령에 따라 죽음이 우리를 나눌 때까지

이 약속을 지키기로 하나님 앞과 여러 증인들 앞에서

다시 서약합니다.

아　내 : 나, ○○○는

사랑하는 ○○○의 아내가 된 것을 기쁘게 생각합니다.

이제부터 평생토록 즐거우나 괴로우나

부하거나 가난하거나 병들거나 건강하거나

어떤 환경 중에서라도 그대를 귀중히 여기고 사랑하며

하나님의 거룩한 명령에 따라 죽음이 우리를 나눌 때까지

이 약속을 지키기로 하나님 앞과 여러 증인들 앞에서

다시 서약합니다.

인 정 / 집례자

(두 사람이 성경 위에 각각 한 손을 얹게 하고, 그 위에 집례자가 손을 얹은 후 다음과 같이 말한다.)

하나님께서 짝지어 주신 부부를 사람이 갈라놓을 수 없습니다.

○○○(장로, 권사, 권사, 성도)와 ○○○(장로, 권사, 집사, 성도), 이 두 사람은 결혼(○○주년, 금혼, 은혼)기념일을 맞이하여 서로에 대한 사랑의 언약을 새롭게 하였습니다.

이제 여생을 함께하는 동안 오늘의 거룩한 약속을 변함없이 지키시고, 주님의 은혜 안에서 하나님께 영광 돌리는 믿음의 가정을 이루어 가시기를 바랍니다.

결혼기념 감사(또는 축복)기도 / 집례자

사랑과 은혜가 충만하신 하나님 아버지,
이 두 사람이 맺었던 사랑의 언약을
결혼(○○주년, 금혼, 은혼)기념일을 맞이하여
또 다시 새로운 마음으로 서약하게 하심을 감사합니다.
이들이 오늘 하나님 앞에서 다시 맺은 서약을 존중히 여김으로
더욱 사랑하고 협력하여 살아가게 하시고,
자자손손 하나님께 영광 돌리는 믿음의 가문을 이루게 하옵소서.
늘 서로에게서 기쁨을 얻게 하시며,
믿음생활에 최선을 다함으로
하나님 나라의 영생에 이르게 하옵소서.
가정 안에서 참 사랑을 깨닫게 하시는
우리 주 예수 그리스도의 이름으로 기도합니다. 아멘.

결혼기념 축가 / 맡은이

인사와 알리는 말씀 / 가족 중에서

찬 송 384장(통 434장) 나의 갈 길 다 가도록 / 다함께

   1. 나의 갈 길 다 가도록 예수 인도하시니
     내 주 안에 있는 긍휼 어찌 의심하리요
     믿음으로 사는 자는 하늘 위로 받겠네
     무슨 일을 만나든지 만사형통 하리라
     무슨 일을 만나든지 만사형통 하리라

   2. 나의 갈 길 다 가도록 예수 인도하시니
     어려운 일 당한 때도 족한 은혜 주시네
     나는 심히 고단하고 영혼 매우 갈하나
     나의 앞에 반석에서 샘물 나게 하시네
     나의 앞에 반석에서 샘물 나게 하시네

   3. 나의 갈 길 다 가도록 예수 인도하시니
     그의 사랑 어찌 큰지 말로 할 수 없도다
     성령감화 받은 영혼 하늘나라 갈 때에
     영영 부를 나의 찬송 예수 인도하셨네
     영영 부를 나의 찬송 예수 인도하셨네. 아멘.

축 도 / 집례자

남편과 아내 인사 / 남편과 아내
(남편과 아내가 맞절을 한 후, 회중에게 인사한다. 이때 자녀들이나 친지, 친구들이 꽃다발이나 간단한 선물을 줄 수 있다.)

남편과 아내 다시 출발 / 남편과 아내

(행진할 때 회중은 축하하는 뜻으로 일어서서 박수친다.)

Ⅲ. 장례 및 추도

임종예식
(임종 전)

(이것은 임종 전의 예식순서다. 가족의 마음이 가라앉은 후에 예식의 시작을 알린다. 집례자는 환자의 머리 쪽에, 가족은 발쪽에 자리 잡는다.)

예식사 / 집례자

이제 하나님의 부르심 앞에 있는 ○○○씨(장로, 권사, 집사, 성도)의 임종예식을 시작합니다. 생명의 주인이신 하나님께 ○○○씨(장로, 권사, 집사, 성도)의 영혼을 맡기는 기도를 합시다.

기 원 / 집례자

여호와는 나의 목자시니 내게 부족함이 없으리로다 내 영혼을 소생시키시고 자기 이름을 위하여 의의 길로 인도하시는도다 내가 사망의 음침한 골짜기로 다닐지라도 해를 두려워하지 않을 것은 주께서 나와 함께 하심이라 주의 지팡이와 막대기가 나를 안위하시나이다 내 평생에 선하심과 인자하심이 반드시 나를 따르리니 내가 여호와의 집에 영원히 살리로다(시편 23:1, 3, 4, 6)

생명의 근원이 되시는 하나님 아버지,

우리 인생이 이 세상에 오는 것과 떠나는 것이

하나님의 섭리와 경륜 안에서 이루어짐을 믿습니다.

임종 앞에 있는 ○ ○ ○씨(장로, 권사, 집사, 성도)와 함께하여 주셔서,

두려움 없이 주님의 부르심을 받게 하옵소서.

이 시간 우리 모두

하나님 나라를 향한 소망 중에 거하기를 간절히 원하오며,

우리 주 예수 그리스도의 이름으로 기원합니다. 아멘.

찬 송 494장(통 188장) 만세 반석 열리니 / 다함께

1. 만세 반석 열리니 내가 들어갑니다
   창에 허리 상하여 물과 피를 흘린 것
   내게 효험 되어서 정결하게 하소서
2. 내가 공을 세우나 은혜 갚지 못하네
   쉼이 없이 힘쓰고 눈물 근심 많으나
   구속 못할 죄인을 예수 홀로 속하네
3. 빈손 들고 앞에 가 십자가를 붙드네
   의가 없는 자라도 도와주심 바라고
   생명 샘에 나가니 나를 씻어 주소서
4. 살아생전 숨 쉬고 죽어 세상 떠나서
   거룩하신 주 앞에 끝 날 심판 당할 때
   만세 반석 열리니 내가 들어갑니다. 아멘.

※ 참고 / 549장(통 431장), 386장(통 439장), 401장(통 457장)
      481장(통 531장), 483장(통 532장), 493장(통 545장)

성경봉독(누가복음 23:39~43; 요한복음 3:16) / 집례자

　　달린 행악자 중 하나는 비방하여 이르되 네가 그리스도가 아니냐 너와 우리를 구원하라 하되 하나는 그 사람을 꾸짖어 이르되 네가 동일한 정죄를 받고서도 하나님을 두려워하지 아니하느냐 우리는 우리가 행한 일에 상당한 보응을 받는 것이니 이에 당연하거니와 이 사람이 행한 것은 옳지 않은 것이 없느니라 하고 이르되 예수여 당신의 나라에 임하실 때에 나를 기억하소서 하니 예수께서 이르시되 내가 진실로 네게 이르노니 오늘 네가 나와 함께 낙원에 있으리라 하시니라(누가복음 23:39~43)

　　하나님이 세상을 이처럼 사랑하사 독생자를 주셨으니 이는 그를 믿는 자마다 멸망하지 않고 영생을 얻게 하려 하심이라(요한복음 3:16)

　　(참고 / 디모데후서 4:6~8; 요한복음 14:1~6, 27~28; 요한계시록 1:1~7)

말씀선포 / 집례자

기　도 / 집례자

　　인생의 소망이 되시는 하나님 아버지,
　　이 시간 사랑하는 ○○○씨(장로, 권사, 집사, 성도)가
　　이 세상을 떠나 하나님 앞으로 가려 합니다.
　　세상에 거하는 동안에 저를 지키시고 인도하셨듯이
　　떠나는 순간에도 함께하여 주셔서
　　소망 중에 주님의 부르심을 받게 하옵소서.

비록 ○○○씨(장로, 권사, 집사, 성도)가
우리의 곁을 떠난다고 할지라도 그것으로
그의 삶이 끝난 것이 아니라,
장차 하나님 나라에서의 영원한 삶이 계속될 것을 믿고,
담대하게 이 세상에서의 마지막을 맞게 하옵소서.
주님, 우리가 ○○○씨(장로, 권사, 집사, 성도)의 영혼을
주님께 맡기오니,
주님께서 예비해 두신 영원한 처소로 영접하여 주옵소서.
이제 슬퍼하는 가족들을 위로하시고,
지금은 헤어지더라도 다시 만날 수 있다는 믿음을
허락하여 주시기를 간절히 원합니다.
소망 없는 슬픔으로 인하여 시험 당하거나 흔들리지 않게 하시고,
만세 반석이신 예수님께
소망의 뿌리를 내릴 수 있도록 인도하옵소서.
부활의 첫 열매가 되신
예수 그리스도의 이름으로 기도합니다. 아멘.

신앙고백(사도신경) / 다함께

찬 송 438장(통 495장) 내 영혼이 은총 입어 / 다함께
  1. 내 영혼이 은총 입어 중한 죄 짐 벗고 보니
     슬픔 많은 이 세상도 천국으로 화하도다
  2. 주의 얼굴 뵙기 전에 멀리 뵈던 하늘나라
     내 맘 속에 이뤄지니 날로 날로 가깝도다

3. 높은 산이 거친 들이 초막이나 궁궐이나
　　내 주 예수 모신 곳이 그 어디나 하늘나라
　(후렴) 할렐루야 찬양하세 내 모든 죄 사함 받고
　　주 예수와 동행하니 그 어디나 하늘나라.
　※ 참고 / 488장(통 539장), 489장(통 541장), 통 540장

축　도(혹은 주님의 기도) / 집례자(다같이)
(집례자가 목사가 아닐 경우에 주님의 기도로 마친다.)

임종예식
(임종 후)

집례 : 담임교역자

(이것은 임종 후의 예식 순서다. 유족의 마음이 가라앉은 후에 예식의 시작을 알린다. 집례자는 시신의 머리 쪽에, 가족은 발쪽에 자리 잡는다.)

예식사 / 집례자

지금부터 고(故) ○ ○ ○씨(직분에 따라 장로, 권사, 집사, 성도)의 임종예식을 시작합니다.

기 원 / 집례자

하나님은 우리의 피난처시요 힘이시니 환난 중에 만날 큰 도움이시라 그러므로 땅이 변하든지 산이 흔들려 바다 가운데에 빠지든지 바닷물이 솟아나고 뛰놀든지 그것이 넘침으로 산이 흔들릴지라도 우리는 두려워하지 아니하리로다(시편 46:1~3)

인간의 생사화복을 주관하시는 하나님 아버지,
이제 하나님께로 돌아간
○ ○ ○씨(장로, 권사, 집사, 성도)의 임종 앞에서
유한한 인생을 생각하며 애통하는 마음을 갖습니다.

비록 고인은 운명하였으나

하나님 나라에서 영원한 삶이 계속될 것을 믿는 소망으로

오늘의 슬픔을 극복하게 하옵소서.

인생의 슬픔 중에서도 새로운 소망으로 인도하시는

우리 주 예수 그리스도 이름으로 기원합니다. 아멘.

찬 송 386장(통 439장) 만세 반석 열린 곳에 / 다함께

　1. 만세 반석 열린 곳에 내가 숨어 있으니

　　원수 마귀 손 못 대고 환난 풍파 없도다

　2. 죄에 매여 죽을 인생 편히 쉬기 바라니

　　주의 가슴 넓은 품에 내가 찾아 안기네

　3. 이 땅 위에 평안 없고 기쁜 일을 몰라도

　　주 예수의 참 사랑을 내가 이제 알았네

　4. 험한 풍파 지나도록 순풍으로 도우사

　　평화로운 피난처에 길이 살게 하소서

　(후렴) 만세 반석 열린 곳에 내가 편히 쉬리니

　　　나의 반석 구주 예수 나를 숨겨 주소서. 아멘.

　※ 참고 / 549장(통 431장), 401장(통 457장), 481장(통 531장)

　　　483장(통 532장), 493장(통 545장)

성경봉독(시편 90:1~12) / 집례자

　주여 주는 대대에 우리의 거처가 되셨나이다 산이 생기기 전, 땅
과 세계도 주께서 조성하시기 전 곧 영원부터 영원까지 주는 하나
님이시니이다 주께서 사람을 티끌로 돌아가게 하시고 말씀하시기

를 너희 인생들은 돌아가라 하셨사오니 주의 목전에는 천 년이 지나간 어제 같으며 밤의 한 순간 같을 뿐임이니이다 주께서 그들을 홍수처럼 쓸어가시나이다 그들은 잠깐 자는 것 같으며 아침에 돋는 풀 같으니이다 풀은 아침에 꽃이 피어 자라다가 저녁에는 시들어 마르나이다 우리는 주의 노에 소멸되며 주의 분내심에 놀라나이다 주께서 우리의 죄악을 주의 앞에 놓으시며 우리의 은밀한 죄를 주의 얼굴 빛 가운데에 두셨사오니 우리의 모든 날이 주의 분노 중에 지나가며 우리의 평생이 순식간에 다하였나이다 우리의 연수가 칠십이요 강건하면 팔십이라도 그 연수의 자랑은 수고와 슬픔뿐이요 신속히 가니 우리가 날아가나이다 누가 주의 노여움의 능력을 알며 누가 주의 진노의 두려움을 알리이까 우리에게 우리 날 계수함을 가르치사 지혜로운 마음을 얻게 하소서

(참고 / 요한복음 14:1~6; 14:27~28; 요한계시록 1:1~7; 7:9~17; 22:5)

말씀선포 / 집례자

기도 / 집례자

생명의 주인이 되시는 하나님 아버지,
고(故) ○○○씨(장로, 권사, 집사, 성도)의 영혼을 주님께 맡기오니
하나님의 나라에 영접하여 주시기를 원합니다.
그리하여 주님께서 예비하신 영원한 처소에서
참된 평안과 안식을 누리게 하옵소서.
특별히 고인의 죽음으로 인하여 슬퍼하는 유족들에게
성령께서 함께 해 주사,

사별의 아픔을 위로하여 주시며 영생의 소망을 잃지 않도록
그 심령을 붙들어 주옵소서.
또한 우리 모두 하나님 나라의 영생에 이르기까지
세월을 아껴 믿음생활에 최선을 다하며 살아가게 하여 주옵소서.
이제 장례가 끝날 때까지
모든 과정에 합력하여 선을 이루어 주시기를 원하오며,
우리에게 영원한 생명을 허락하신
주 예수 그리스도의 이름으로 기도합니다. 아멘.

찬 송 488장(통 539장) 이 몸의 소망 무언가 / 다함께
　　1. 이 몸의 소망 무언가 우리 주 예수뿐일세
　　　　우리 주 예수밖에는 믿을 이 아주 없도다
　　2. 무섭게 바람 부는 밤 물결이 높이 설렐 때
　　　　우리 주 크신 은혜에 소망의 닻을 주리라
　　3. 세상에 믿던 모든 것 끊어질 그날 되어도
　　　　구주의 언약 믿사와 내 소망 더욱 크리라
　　4. 바라던 천국 올라가 하나님 앞에 뵈올 때
　　　　구주의 의를 힘입어 어엿이 바로 서리라
　　(후렴) 주 나의 반석이시니 그 위에 내가 서리라
　　　　　그 위에 내가 서리라.
　※ 참고 / 549장(통 431장), 401장(통 457장), 481장(통 531장)
　　　　　　483장(통 532장), 493장(통 545장), 통 540장
축　도(혹은 주님의 기도) / 집례자(다같이)
(집례자가 목사가 아닐 경우에 주님의 기도로 마친다.)

조문예식

(이것은 장례 전반의 일정을 주관하지 않고, 단지 조문만 할 때에 사용할 수 있는 예식 순서이다.)

인도 : 담임교역자

예식사 / 인도자

지금부터 고(故) ○○○씨(장로, 권사, 집사, 성도)의 조문예식을 시작합니다.

기 원 / 인도자

하나님은 우리의 피난처시요 힘이시니 환난 중에 만날 큰 도움이시라 그러므로 땅이 변하든지 산이 흔들려 바다 가운데에 빠지든지 바닷물이 솟아나고 뛰놀든지 그것이 넘침으로 산이 흔들릴지라도 우리는 두려워하지 아니하리로다(시편 46:1~3)

인간의 생사화복을 주관하시는 하나님 아버지,
이제 하나님께로 돌아간 ○○○씨(장로, 권사, 집사, 성도)의
임종 앞에서 유한한 인생을 생각하며 애통하는 마음을 갖습니다.
비록 고인은 운명하였으나
하나님 나라에서 영원한 삶이 계속될 것을 믿는 소망으로

오늘의 슬픔을 극복하게 하옵소서.
인생의 슬픔 중에서도 새로운 소망으로 인도하시는
우리 주 예수 그리스도 이름으로 기원합니다. 아멘.

찬 송 386장(통 439장) 만세 반석 열린 곳에 / 다함께

1. 만세 반석 열린 곳에 내가 숨어 있으니
   원수 마귀 손 못 대고 환난 풍파 없도다
2. 죄에 매여 죽을 인생 편히 쉬기 바라니
   주의 가슴 넓은 품에 내가 찾아 안기네
3. 이 땅 위에 평안 없고 기쁜 일을 몰라도
   주 예수의 참 사랑을 내가 이제 알았네
4. 험한 풍파 지나도록 순풍으로 도우사
   평화로운 피난처에 길이 살게 하소서
(후렴) 만세 반석 열린 곳에 내가 편히 쉬리니
   나의 반석 구주 예수 나를 숨겨 주소서. 아멘.

※ 참고 / 549장(통 431장), 401장(통 457장), 481장(통 531장)
     483장(통 532장), 493장(통 545장)

성경봉독(시편 90:1~12; 요한복음 14:1~6) / 인도자

고인이 불신자인 경우(시편 90:1~12)
  주여 주는 대대에 우리의 거처가 되셨나이다 산이 생기기 전, 땅
과 세계도 주께서 조성하시기 전 곧 영원부터 영원까지 주는 하나
님이시니이다 주께서 사람을 티끌로 돌아가게 하시고 말씀하시기

를 너희 인생들은 돌아가라 하셨사오니 주의 목전에는 천 년이 지나간 어제 같으며 밤의 한 순간 같을 뿐임이니이다 주께서 그들을 홍수처럼 쓸어가시나이다 그들은 잠깐 자는 것 같으며 아침에 돋는 풀 같으니이다 풀은 아침에 꽃이 피어 자라다가 저녁에는 시들어 마르나이다 우리는 주의 노에 소멸되며 주의 분내심에 놀라나이다 주께서 우리의 죄악을 주의 앞에 놓으시며 우리의 은밀한 죄를 주의 얼굴 빛 가운데에 두셨사오니 우리의 모든 날이 주의 분노 중에 지나가며 우리의 평생이 순식간에 다하였나이다 우리의 연수가 칠십이요 강건하면 팔십이라도 그 연수의 자랑은 수고와 슬픔뿐이요 신속히 가니 우리가 날아가나이다 누가 주의 노여움의 능력을 알며 누가 주의 진노의 두려움을 알리이까 우리에게 우리 날 계수함을 가르치사 지혜로운 마음을 얻게 하소서

고인이 신자인 경우(요한복음 14:1~6)

너희는 마음에 근심하지 말라 하나님을 믿으니 또 나를 믿으라 내 아버지 집에 거할 곳이 많도다 그렇지 않으면 너희에게 일렀으리라 내가 너희를 위하여 거처를 예비하러 가노니 가서 너희를 위하여 거처를 예비하면 내가 다시 와서 너희를 내게로 영접하여 나 있는 곳에 너희도 있게 하리라 내가 어디로 가는지 그 길을 너희가 아느니라 도마가 이르되 주여 주께서 어디로 가시는지 우리가 알지 못하거늘 그 길을 어찌 알겠사옵나이까 예수께서 이르시되 내가 곧 길이요 진리요 생명이니 나로 말미암지 않고는 아버지께로 올 자가 없느니라

(참고 / 요한계시록 1:1~7; 7:9~17; 22:5)

말씀선포 / 인도자

기도 / 인도자

    생명의 주인이 되시는 하나님 아버지,

    고(故) ○○○씨(장로, 권사, 집사, 성도)의 영혼을 주님께 맡기오니

    하나님의 나라에 영접하여 주시기를 원합니다.

    그리하여 주님께서 예비하신 영원한 처소에서

    참된 평안과 안식을 누리게 하옵소서.

    특별히 고인의 죽음으로 인하여 슬퍼하는 유족들에게

    성령께서 함께 해 주사,

    사별의 아픔을 위로하여 주시며

    영생의 소망을 잃지 않도록 그 심령을 붙들어 주옵소서.

    또한 우리 모두 하나님 나라의 영생에 이르기까지

    세월을 아껴 믿음생활에 최선을 다하며 살아가게 하여 주옵소서.

(고인이 신자인 경우에 추가한다.)

    고(故) ○○○씨(장로, 권사, 집사, 성도)가 이 세상에 있을 때에

    예수 그리스도를 믿어 구원받게 하심을 감사합니다.

    우리도 하나님만을 온전히 섬기게 하시며,

    이 땅에서 살아가는 동안

    주님과 동행하며 승리하는 삶을 살아가게 하여 주옵소서.

    또한 인생의 달려갈 길을 마치고 믿음의 선한 싸움을 다하여

    하나님의 부름을 받게 될 때에,

    고인과 천국에서 다시 만나

하나님 나라의 유업을 함께 누리게 하여 주옵소서.

이제 장례가 끝날 때까지

모든 과정에 합력하여 선을 이루어 주시기를 간절히 원하오며,

우리의 소망이 되시는

예수 그리스도의 이름으로 기도합니다. 아멘.

찬 송 488장(통 539장) 이 몸의 소망 무언가 / 다함께

1. 이 몸의 소망 무언가 우리 주 예수뿐일세
   우리 주 예수밖에는 믿을 이 아주 없도다

2. 무섭게 바람 부는 밤 물결이 높이 설렐 때
   우리 주 크신 은혜에 소망의 닻을 주리라

3. 세상에 믿던 모든 것 끊어질 그날 되어도
   구주의 언약 믿사와 내 소망 더욱 크리라

4. 바라던 천국 올라가 하나님 앞에 뵈올 때
   구주의 의를 힘입어 어엿이 바로 서리라

(후렴) 주 나의 반석이시니 그 위에 내가 서리라

   그 위에 내가 서리라.

※ 참고 / 549장(통 431장), 401장(통 457장), 481장(통 531장)

   483장(통 532장), 493장(통 545장), 통 540장

주님의 기도 / 다함께

피할 수 없는 죽음과 사랑하는 이와의 헤어짐으로 인하여
슬퍼하는 우리를 긍휼히 여겨 주옵소서.
지금 이 시간,
사랑하는 고(故) ○○○씨(장로, 권사, 집사, 성도)의 시신을 입관
하며
장례를 준비하오니
성령께서 임재하셔서 슬퍼하는 유족들을 위로하시고,
우리 주 예수 그리스도에 대한 믿음과
하나님 나라에 대한 소망을 갖게 하옵소서.

(고인이 신자인 경우에 추가한다.)
하나님 아버지,
고(故) ○○○씨(장로, 권사, 집사, 성도)가 살아생전에
예수 그리스도를 믿음으로 구원받게 하심을 감사합니다.
이제 이 자리에 참석한 우리도
하나님의 부르심을 받는 순간까지
믿음의 선한 싸움을 싸워 승리하게 하여 주옵소서.
그리하여 우리도 주님의 나라에 부르심을 받게 될 때에,
기쁨으로 고인과 다시 만날 수 있는 은혜를 베풀어 주옵소서.

죽음에서 부활하신
예수 그리스도의 이름으로 기도합니다. 아멘.

성경봉독(요한복음 14:1~6) / 맡은이

　너희는 마음에 근심하지 말라 하나님을 믿으니 또 나를 믿으라 내 아버지 집에 거할 곳이 많도다 그렇지 않으면 너희에게 일렀으리라 내가 너희를 위하여 거처를 예비하러 가노니 가서 너희를 위하여 거처를 예비하면 내가 다시 와서 너희를 내게로 영접하여 나 있는 곳에 너희도 있게 하리라 내가 어디로 가는지 그 길을 너희가 아느니라 도마가 이르되 주여 주께서 어디로 가시는지 우리가 알지 못하거늘 그 길을 어찌 알겠사옵나이까 예수께서 이르시되 내가 곧 길이요 진리요 생명이니 나로 말미암지 않고는 아버지께로 올 자가 없느니라

말씀선포 / 집례자

기 도 / 집례자

　영원부터 영원까지 살아 계셔서
　인간의 생명을 주장하시는 하나님 아버지,
　이 시간 성령께서 우리 심령의 눈을 밝혀 주사
　인생의 유한함을 깨닫게 하시니 감사합니다.
　육신의 장막은 무너지지만
　하나님께서 지으신 하늘의 영원한 집에 들어갈 것을 믿사오니,
　영원히 슬픔과 고통이 없고,
　기쁨과 감사와 영광이 가득찬 주님의 나라를 바라보게 하옵소서.
　우리의 믿음이 연약하여 넘어질 때에 붙들어 일으켜 주시며,
　슬프고 외로울 때에 더욱 강하고 담대한 믿음을 허락해 주셔서

부활의 소망으로 인도하여 주옵소서.

특별히 슬퍼하는 유족들을 성령께서 위로하여 주시기를 원하오며,

하나님 나라를 향한 소망과 믿음으로

이 어려움을 극복하며 살아가게 하옵소서.

이제 장례를 마칠 때까지

모든 절차를 성령께서 인도하여 주시기를 간절히 원하오며,

우리의 영원한 소망이 되시는

예수 그리스도의 이름으로 기도합니다. 아멘.

찬 송 239장(통 230장) 저 뵈는 본향 집 / 다함께

1. 저 뵈는 본향 집 날마다 가까워
   내 갈 길 멀지 않으니 전보다 가깝다
2. 내 주의 집에는 거할 곳 많도다
   그 보좌 있는 곳으로 가까이 갑니다
3. 내 생명 끝 날에 십자가 벗고서
   나 면류관을 쓸 때가 가깝게 되었네
4. 내 삶의 끝 날을 분명히 모르니
   내 주여 길 다 가도록 늘 함께하소서
(후렴) 더 가깝고 더 가깝다 하룻길 되는
   내 본향 가까운 곳일세. 아멘.

※ 참고 / 485장(통 534장)

축 도(혹은 주님의 기도) / 집례자(다같이)
(집례자가 목사가 아닐 경우에 주님의 기도로 마친다.)

장례예식

(상주, 가족, 친척, 조객들은 관을 향해 앉거나 서게 한 후, 집례자는 관 앞 적당한 자리에서 집례한다. 교회 직분이 없는 고령자에게는 어른, 선생님, 여사, 할아버지, 할머니 등 적절한 호칭을 사용한다.)

집례 : 담임교역자

예식사 / 집례자

지금부터 고(故) ○○○씨(장로, 권사, 집사, 성도)의 장례예식을 시작합니다. 여러분께서는 예식이 엄숙하게 진행되도록 협조해 주시기를 바랍니다.

기 원 / 다함께

그러나 이제 그리스도께서 죽은 자 가운데서 다시 살아나사 잠자는 자들의 첫 열매가 되셨도다 사망이 한 사람으로 말미암았으니 죽은 자의 부활도 한 사람으로 말미암는도다 아담 안에서 모든 사람이 죽은 것 같이 그리스도 안에서 모든 사람이 삶을 얻으리라 (고린도전서 15:20~22)

생명을 창조하시고 인생을 주관하시는 하나님 아버지,
우리가 오늘의 예식을 통하여

인생에게 주시는 하나님의 교훈을 깨닫게 되기를 간절히 원합니다.
우리의 심령을 선하신 하나님께 맡기오니
위로하여 주시고, 영원한 소망을 허락하여 주옵소서.
인간의 생사화복을 주관하시는
예수 그리스도의 이름으로 기원합니다. 아멘.

찬 송 606장(통 291장) 해보다 더 밝은 저 천국 / 다함께

1. 해보다 더 밝은 저 천국 믿음만 가지고 가겠네
   믿는 자 위하여 있을 곳 우리 주 예비해 두셨네
2. 찬란한 주의 빛 있으니 거기는 어두움 없도다
   우리들 거기서 만날 때 기쁜 낯 서로가 대하리
3. 이 세상 작별한 성도들 하늘에 올라가 만날 때
   인간의 괴롬이 끝나고 이별의 눈물이 없겠네
4. 광명한 하늘에 계신 주 우리도 모시고 살겠네
   성도들 즐거운 노래로 영광을 주 앞에 돌리리
   (후렴) 며칠 후 며칠 후 요단강 건너가 만나리
   　　　 며칠 후 며칠 후 요단강 건너가 만나리. 아멘.

교 독 교독문 78번(통 46번) / 다함께

집례자 : 너희는 마음에 근심하지 말라 하나님을 믿으니 또 나를 믿으라

회　중 : 내 아버지 집에 거할 곳이 많도다 그렇지 않으면 너희에게 일렀으리라

집례자 : 내가 너희를 위하여 거처를 예비하러 가노니 가서 너희를
위하여 거처를 예비하면

회   중 : 내가 다시 와서 너희를 내게로 영접하여 나 있는 곳에 너희
도 있게 하리라

집례자 : 내가 어디로 가는지 그 길을 너희가 아느니라

회   중 : 도마가 이르되 주여 주께서 어디로 가시는지 우리가 알지
못하거늘 그 길을 어찌 알겠사옵나이까

집례자 : 예수께서 이르시되 내가 곧 길이요 진리요 생명이니

회   중 : 나로 말미암지 않고는 아버지께로 올 자가 없느니라

기 도 / 맡은이

인간과 만물을 창조하시고,
생사화복을 주관하시는 하나님 아버지,
고(故) ○ ○ ○ 씨(장로, 권사, 집사, 성도)의 장례예식에 참여하여
슬픈 마음으로 하나님 앞에 머리 숙인 우리에게
하나님의 크신 위로와 은총을 베풀어 주시기를 원합니다.
우리가 이 예식을 통하여 영원한 천국을 바라보게 하시고,
하나님의 엄숙한 교훈을 깨달아
죄를 뉘우치며 굳건한 믿음을 갖게 하여 주옵소서.
특별히 슬픔을 당한 유족들에게 성령께서 함께하여 주셔서,
위로와 소망으로 충만하게 하옵소서.

(고인이 신자인 경우 아래 내용을 첨부한다.)
주님, 고(故) ○ ○ ○ 씨(장로, 권사, 집사, 성도)가

이 세상에 있을 때에
예수 그리스도를 믿어 구원받게 하심을 감사합니다.
우리도 인생의 달려갈 길을 마치고,
믿음의 선한 싸움을 다 하였을 때,
하나님 나라의 유업을 얻게 하여 주옵소서.

우리를 죄와 죽음에서 구원하시는
예수 그리스도의 이름으로 기도합니다. 아멘.

성경봉독(요한계시록 21:1~7) / 맡은이

또 내가 새 하늘과 새 땅을 보니 처음 하늘과 처음 땅이 없어졌고 바다도 다시 있지 않더라 또 내가 보매 거룩한 성 새 예루살렘이 하나님께로부터 하늘에서 내려오니 그 준비한 것이 신부가 남편을 위하여 단장한 것 같더라 내가 들으니 보좌에서 큰 음성이 나서 이르되 보라 하나님의 장막이 사람들과 함께 있으매 하나님이 그들과 함께 계시리니 그들은 하나님의 백성이 되고 하나님은 친히 그들과 함께 계셔서 모든 눈물을 그 눈에서 닦아 주시니 다시는 사망이 없고 애통하는 것이나 곡하는 것이나 아픈 것이 다시 있지 아니하리니 처음 것들이 다 지나갔음이러라 보좌에 앉으신 이가 이르시되 보라 내가 만물을 새롭게 하노라 하시고 또 이르시되 이 말은 신실하고 참되니 기록하라 하시고 또 내게 말씀하시되 이루었도다 나는 알파와 오메가요 처음과 마지막이라 내가 생명수 샘물을 목마른 자에게 값없이 주리니 이기는 자는 이것들을 상속으로 받으리라 나는 그의 하나님이 되고 그는 내 아들이 되리라

(참고 / 요한복음 11:25~26; 고린도전서 15:42~44; 데살로니가전서 4:13~18; 디모데후서 4:7~8; 베드로전서 1:24~25; 요한계시록 22:1~5; 시편 23:1~6; 27:1, 3~5, 13~14; 90:1~6, 12, 16~17; 121:1~8)

조 가 / 맡은이

약력 소개 / 맡은이(상황에 따라 생략할 수도 있다.)

말씀선포 / 집례자

기 도 / 집례자
　은혜와 사랑으로 우리를 구원해 주시는 하나님 아버지,
　이제 육신의 삶을 끝내고 주님의 부르심을 받은
　고(故) ○○○씨(장로, 권사, 집사, 성도)를 긍휼히 여기시옵소서.
　그가 예수 그리스도의 대속의 은혜로
　하나님의 보좌 앞에 담대히 서게 하여 주사,
　눈물도, 죽음도, 생존경쟁도 없는 하나님 나라에서
　영원히 살게 하옵소서.
　믿는 자의 소망이 되시는 주님,
　어리석은 우리가 일생을 살아가면서
　하나님의 높고 크신 섭리를 다 깨닫지 못하지만,
　흔들리지 않는 영생의 소망으로,
　이 땅에서의 유혹과 환난을 이겨 내며,
　끝까지 믿음을 지키게 하여 주옵소서.

(고인이 신자인 경우 아래 내용을 첨부한다.)

고(故) ㅇㅇㅇ씨(장로, 권사, 집사, 성도)가 이 땅에 사는 동안
믿음으로 살게 하심을 감사합니다.
이제 우리도 믿음생활에 최선을 다하다가
하나님의 부르심을 받게 될 때에,
고인과 천국에서 다시 만나 함께 살아가며,
영원한 하나님 나라의 유업을 받게 하여 주옵소서.

우리의 소망이 되시는
예수 그리스도의 이름으로 기도합니다. 아멘.

인사와 광고 / 호상(또는 장례위원장)

찬 송 493장(통 545장) 하늘 가는 밝은 길이 / 다함께
1. 하늘 가는 밝은 길이 내 앞에 있으니
   슬픈 일을 많이 보고 늘 고생하여도
   하늘 영광 밝음이 어둔 그늘 헤치니
   예수 공로 의지하여 항상 빛을 보도다
2. 내가 염려하는 일이 세상에 많은 중
   속에 근심 밖에 걱정 늘 시험하여도
   예수 보배로운 피 모든 것을 이기니
   예수 공로 의지하여 항상 이기리로다
3. 내가 천성 바라보고 가까이 왔으니
   아버지의 영광 집에 나 쉬고 싶도다

나는 부족하여도 영접하실 터이니

영광 나라 계신 임금 우리 구주 예수라.

※ 참고 / 245장(통 228장), 239장(통 230장)

축 도(혹은 주님의 기도) / 집례자(다같이)

(집례자가 목사가 아닐 경우에 주님의 기도로 마친다.)

헌화와 출관 / 다함께

(정한 순서대로 헌화한 후, 관을 운구하여 장지로 출발한다. 운구 행렬은
집례자가 선두에 서고, 그 뒤에 영정과 관, 상주와 유족, 조문객 순으로
한다. 이 행렬 중에 찬송가 491장(통 543장, 저 높은 곳을 향하여), 493장
(통 545장, 하늘 가는 밝은 길이) 등 '소망'에 관련된 찬송을 부르면서 행
진한다.)

하관예식

(관을 사용하는 경우에는 먼저 하관하고, 셋째 횡대를 열어놓은 채 하관 식을 행한다. 석관을 사용할 경우에는 첫째 횡석을 열어 놓는다.)

집례 : 담임교역자

예식사 / 집례자

지금부터 고(故) ○○○씨(장로, 권사, 집사, 성도)의 하관예식을 시작합니다.

기 원 / 다함께

주께서 호령과 천사장의 소리와 하나님의 나팔 소리로 친히 하 늘로부터 강림하시리니 그리스도 안에서 죽은 자들이 먼저 일어나 고 그 후에 우리 살아 남은 자들도 그들과 함께 구름 속으로 끌어 올려 공중에서 주를 영접하게 하시리니 그리하여 우리가 항상 주 와 함께 있으리라(데살로니가전서 4:16~17)

인간의 생사화복을 주관하시는 하나님 아버지,

우리가 고(故) ○○○씨(장로, 권사, 집사, 성도)의 시신을

이곳에 안장하고자 합니다.

이제 이 예식을 통하여 주님께서 재림하시는 그 날,

우리 모두 부활하여 고인과 기쁨으로 다시 만날 수 있는
믿음과 소망을 허락하여 주옵소서.
우리 주 예수 그리스도의 이름으로 기원합니다. 아멘.

찬 송 479장(통 290장) 괴로운 인생길 가는 몸이 / 다함께

1. 괴로운 인생길 가는 몸이 평안히 쉴 곳이 아주 없네
   걱정과 고생이 어디는 없으리 돌아갈 내 고향 하늘나라
2. 광야에 찬바람 불더라도 앞으로 남은 길 멀지 않네
   산 넘어 눈보라 세차게 불어도 돌아갈 내 고향 하늘나라
3. 날 구원하신 주 모시옵고 영원한 영광을 누리리라
   그리던 성도들 한 자리 만나리 돌아갈 내 고향 하늘나라. 아멘.

기 도 / 맡은이

생명의 근원이 되시는 하나님 아버지,
예수 그리스도께서 죽음을 이기시고 부활하신 것처럼,
여기에 안장되는 고인이
주님의 영접을 받고 영생을 누릴 수 있도록 인도하옵소서.
흙에서 와서 흙으로 돌아가는 인생들이오나,
주님께서 재림하시는 날에
신령한 몸으로 다시 살아날 것을 믿습니다.
부활의 그날,
영광의 몸으로 변화되어 영생복락을 누리게 하옵소서.
특별히 유족들에게 주님께서 함께하여 주시고,
위로하여 주시며, 소망을 주시기를 간절히 원합니다.

(고인이 신자인 경우에 추가한다.)

이제 고인의 영혼을 주님께서 받아주신 줄로 믿사오니,

우리가 하나님 나라에서 다시 만날 소망으로 살게 하여 주옵소서.

고인이 살았을 때보다 더욱 마음과 뜻과 힘을 다하여 하나님을 섬기며,

소망과 사랑 안에서 살아가는 믿음의 가정이 되게 하옵소서.

우리도 유한한 삶을 끝냈을 때에,

하나님의 나라에 영접되게 하여 주옵소서.

부활의 주 예수 그리스도의 이름으로 기도합니다. 아멘.

성경봉독 (고린도전서 15:51~58) / 맡은이

보라 내가 너희에게 비밀을 말하노니 우리가 다 잠 잘 것이 아니요 마지막 나팔에 순식간에 홀연히 다 변화되리니 나팔 소리가 나매 죽은 자들이 썩지 아니할 것으로 다시 살아나고 우리도 변화되리라 이 썩을 것이 반드시 썩지 아니할 것을 입겠고 이 죽을 것이 죽지 아니함을 입으리로다 이 썩을 것이 썩지 아니함을 입고 이 죽을 것이 죽지 아니함을 입을 때에는 사망을 삼키고 이기리라고 기록된 말씀이 이루어지리라 사망아 너의 승리가 어디 있느냐 사망아 네가 쏘는 것이 어디 있느냐 사망이 쏘는 것은 죄요 죄의 권능은 율법이라 우리 주 예수 그리스도로 말미암아 우리에게 승리를 주시는 하나님께 감사하노니 그러므로 내 사랑하는 형제들아 견실하며 흔들리지 말고 항상 주의 일에 더욱 힘쓰는 자들이 되라 이는 너희 수고가 주 안에서 헛되지 않은 줄 앎이라.

말씀선포 / 집례자

선 고 / 집례자

(횡대를 덮은 후에 집례자가 흙을 한 줌 쥐어 관에 뿌리며 다음과 같이
말한다.)

    하나님에게서 온 고(故) ○○○씨(장로, 권사, 집사, 성도)가

    다시 하나님께로 돌아갔으므로

    우리가 그의 시신을 땅에 묻습니다.

    흙은 흙으로, 재는 재로,

    먼지는 먼지로 돌아가지만,

    마지막 날에는 모든 성도가 부활하여

    주님 안에서 영생을 얻을 것입니다.

    주님께서 다시 오셔서 영광과 위엄으로 심판하실 때에

    주님을 믿는 모든 이는

    영화로운 몸을 입어 부활할 것을 믿습니다. 아멘.

기 도 / 집례자

(선고에 이어서 집례자가 다음과 같이 기도한다.)

    우리에게 영생을 주시는 하나님 아버지,

    세상의 모든 무거운 짐을 벗겨 주신 주님께서

    고(故) ○○○씨(장로, 권사, 집사, 성도)에게

    영원한 안식을 허락하옵소서.

    흙으로 지음 받은 육체는 흙으로 돌아가지만,

    그리스도 안에서 죽은 모든 이는 주님께서 다시 오시는 그날,

영화로운 몸으로 부활하여 주님의 영접을 받게 될 것을 믿습니다.

성령께서 이 땅에 남아 있는 우리가

세상만을 바라보며 살지 않게 하시고,

하늘의 신령한 은혜를 사모하며 살아가게 하여 주시기를 원합니다.

홀로 왔다가 홀로 돌아가는 우리의 인생길에

참 소망과 생명이 오직 주님께만 있음을 깨닫고,

임마누엘의 주님과 동행하며 살아가게 하여 주옵소서.

인생의 영원한 소망이 되시는

예수 그리스도의 이름으로 기도합니다. 아멘.

찬 송 480장(통 293장) 천국에서 만나보자 / 다같이

(찬송가를 부르는 가운데 집례자, 상주, 유족, 조문객 순서대로 흙을 뿌린다. 꽃이 준비되었으면 조문객들은 꽃을 뿌린다.)

1. 천국에서 만나보자 그날 아침 거기서
   순례자여 예비하라 늦어지지 않도록

2. 너의 등불 밝혀있나 기다린다 신랑이
   천국 문에 이를 때에 그가 반겨 맞으리

3. 기다리던 성도들과 그 문에서 만날 때
   참 즐거운 우리 모임 그 얼마나 기쁘랴

(후렴) 만나보자 만나보자 저기 뵈는 저 천국 문에서
     만나보자 만나보자 그날 아침 그 문에서 만나자.

※ 참고 / 237장(통 226장), 235장(통 222장), 239장(통 230장)

축　도(혹은 주님의 기도) / 집례자(다같이)

(집례자가 목사가 아닐 경우에 주님의 기도로 마친다.)

화장예식

(예식을 행할 시설이 마련되어 있으면 관을 화구에 넣기 전에 그곳에서 예식을 행한다. 마땅한 시설이 마련되어 있지 않으면 관이 들어 있는 차량의 문을 연 상태에서 예식을 행할 수 있다. 화장 예식은 많은 사람들과 시끄러운 소리, 이어지는 화장 행렬들을 감안하여 가급적 간결하게 거행해야 한다.)

집례 : 담임교역자

예식사 / 집례자

　지금부터 고(故) ○○○씨(장로, 권사, 집사, 성도)의 화장예식을 시작합니다.

기　원 / 다함께

　이는 우리 하나님의 긍휼로 인함이라 이로써 돋는 해가 위로부터 우리에게 임하여 어둠과 죽음의 그늘에 앉은 자에게 비치고 우리 발을 평강의 길로 인도하시리로다 하니라(누가복음 1:78~79)

　인간의 생사화복을 주관하시는 하나님 아버지,
　고인의 죽음으로 인하여 슬퍼하는 우리에게
　영원한 안식과 소망을 깨닫게 하옵소서.

살든지 죽든지 우리의 생명은
오직 부활하신 그리스도 안에 있게 하여 주옵소서.
우리에게 영생을 주시는
예수 그리스도의 이름으로 기원합니다. 아멘.

찬 송 489장(통 541장) 저 요단강 건너편에 찬란하게 / 다함께

　1. 저 요단 강 건너편에 찬란하게 뵈는 집

　　예루살렘 새 집에서 주의 얼굴 뵈오리

　2. 주가 내게 부탁하신 모든 일을 마친 후

　　예비하신 그 집에서 주의 얼굴 뵈오리

　3. 성도들이 함께 모여 할렐루야 부를 때

　　나도 기쁜 마음으로 화답하여 부르리

　4. 이 세상에 사는 동안 주의 일에 힘쓰고

　　썩을 장막 떠날 때에 주의 얼굴 뵈오리

　(후렴) 빛난 하늘 그 집에서 주의 얼굴 뵈오리

　　　한량없는 영광 중에 주의 얼굴 뵈오리.

기 도 / 맡은이

삶과 죽음을 주관하시는 하나님 아버지,
고(故) ○○○씨(장로, 권사, 집사, 성도)의 시신을 하나님께 맡기오
니, 저를 긍휼히 여기시고 주님께서 거두어 주시기를 원합니다.
주님께서 흙은 흙으로,
티끌은 티끌로 돌아가게 하시고,
또한 거두어 가시는 줄 믿습니다.

거룩하시고 영생하시는 주님,

우리는 고인을 다시 볼 수 없지만,

주님의 약속이 이루어지는 그날,

영광의 몸을 입어 부활할 것을 믿습니다.

이제 몸이 재로 돌아가는 현실 앞에서

슬퍼하는 유족들에게 성령께서 위로하셔서,

부활의 소망을 잃지 않게 하옵소서.

(고인이 신자인 경우에 추가한다.)

이제 고인의 영혼을 주님께서 받아주신 줄로 믿사오니,

우리가 하나님 나라에서 다시 만날 소망으로 살게 하여 주옵소서.

우리 주 예수 그리스도의 이름으로 기도합니다. 아멘.

성경봉독(고린도전서 15:16~22) / 맡은이

만일 죽은 자가 다시 살아나는 일이 없으면 그리스도도 다시 살아나신 일이 없었을 터이요 그리스도께서 다시 살아나신 일이 없으면 너희의 믿음도 헛되고 너희가 여전히 죄 가운데 있을 것이요 또한 그리스도 안에서 잠자는 자도 망하였으리니 만일 그리스도 안에서 우리가 바라는 것이 다만 이 세상의 삶뿐이면 모든 사람 가운데 우리가 더욱 불쌍한 자이리라 그러나 이제 그리스도께서 죽은 자 가운데서 다시 살아나사 잠자는 자들의 첫 열매가 되셨도다 사망이 한 사람으로 말미암았으니 죽은 자의 부활도 한 사람으로 말미암는도다 아담 안에서 모든 사람이 죽은 것 같이 그리스도 안

에서 모든 사람이 삶을 얻으리라

(참고 / 야고보서 4:13~17; 요한복음 5:24~25; 고린도전서 15:3~10)

말씀선포 / 집례자

기도 / 집례자
전능하신 하나님 아버지,
고(故) ○○○씨(장로, 권사, 집사, 성도)의 시신을 주님께 의탁하
오니, 거두어 주옵소서.
나는 부활이요 생명이라고 말씀하신 주님,
비록 고인의 육신이 한 줌의 재가 될지라도,
마지막 날에 하나님의 약속이 이루어질 때에,
영광의 몸으로 다시 살아날 줄 믿습니다.
이제 슬퍼하는 유족들과 조객들의 마음속에
성령께서 임재하셔서
참된 위로와 소망이 충만하게 하시기를 간절히 원합니다.
또한 생명 있는 동안에 믿음생활에 최선을 다하여
부활의 영광에 참예할 수 있는 우리가 되게 하여 주옵소서.
부활의 첫 열매이신
예수 그리스도의 이름으로 기도합니다. 아멘.

축 도(혹은 주님의 기도) / 집례자(다같이)
(집례자가 목사가 아닐 경우에 주님의 기도로 마친다.)

납골(유골안치)예식

(화장한 유골을 보관할 처소에 가면 적당한 자리에 고인의 사진을 놓고
예식을 행한다.)

집례 : 담임교역자

예식사 / 맡은이

지금부터 고(故) ○○○씨(장로, 권사, 집사, 성도)의 유골을 안장
하는 납골예식을 시작합니다.

기　원 / 다함께

또 내가 들으니 하늘에서 음성이 나서 이르되 기록하라 지금 이
후로 주 안에서 죽는 자들은 복이 있도다 하시매 성령이 이르시되
그러하다 그들이 수고를 그치고 쉬리니 이는 그들의 행한 일이 따
름이라 하시더라(요한계시록 14:13)

인간의 생사화복을 주관하시는 하나님 아버지,
이제 고(故) ○○○씨(장로, 권사, 집사, 성도)의 유골을
이곳에 안치하고자 합니다.
이 시간 사랑하는 유족들을
영원한 소망으로 위로하여 주시기 원하오며,
우리 주 예수 그리스도의 이름으로 기원합니다. 아멘.

찬 송 239장(통 230장) 저 뵈는 본향 집 / 다함께

  1. 저 뵈는 본향 집 날마다 가까워

    내 갈 길 멀지 않으니 전보다 가깝다

  2. 내 주의 집에는 거할 곳 많도다

    그 보좌 있는 곳으로 가까이 갑니다

  3. 내 생명 끝 날에 십자가 벗고서

    나 면류관을 쓸 때가 가깝게 되었네

  4. 내 삶의 끝 날을 분명히 모르니

    내 주여 길 다 가도록 나 함께하소서

  (후렴) 더 가깝고 더 가깝다 하룻길 되는

      내 본향 가까운 곳일세. 아멘.

  ※ 참고 / 485장(통 534장)

기 도 / 맡은이

  천하범사에 목적을 주시고,

  기한과 때를 주관하시는 하나님 아버지,

  사람의 몸은 흙에서 나와 흙으로 돌아가는 것이

  하나님의 뜻임을 믿습니다.

  여기에 모신 유골이 비록 진토로 돌아갈지라도,

  주님께서 이 세상에 다시 오실 때에

  영화로운 몸으로 부활할 것을 믿고 감사합니다.

  성도의 죽음은 영원한 끝이 아니라

  잠시 자는 것과 같다고 하신 말씀에 우리가 위로를 받습니다.

  고인은 이곳에 안치되었다가

주님 오실 때에 영광스러운 모습으로 부활할 것을 믿사오니,
이곳에 고인의 유골을 모시는 유족들에게
다시 만날 수 있다는 확신을 주셔서,
믿음생활에 더욱 최선을 다하게 하옵소서.
고인이 거하는 곳은
주님께서 예비하신 아름다운 처소임을 굳게 믿어,
근심이나 연약한 마음으로 인하여 요동치 않게 하옵소서.
성령의 위로와 은총이 언제나 유족들에게 함께하셔서,
영생을 준비하는 믿음과 소망의 삶을 살게 하시기를 원하오며,
우리 주 예수 그리스도의 이름으로 기도합니다. 아멘.

성경봉독 (고린도전서 15:42~44) / 맡은이

죽은 자의 부활도 그와 같으니 썩을 것으로 심고 썩지 아니할 것
으로 다시 살아나며 욕된 것으로 심고 영광스러운 것으로 다시 살
아나며 약한 것으로 심고 강한 것으로 다시 살아나며 육의 몸으로
심고 신령한 몸으로 다시 살아나나니 육의 몸이 있은즉 또 영의 몸
도 있느니라

말씀선포 / 맡은이

기 도 / 집례자

부활과 영생의 주님,
우리에게 하나님의 나라가 예비 되었음을 믿고,
고 ○○○씨(장로, 권사, 집사, 성도)의 유골을 이곳에 안장합니다.

그러나 고인의 몸이 영원히 이곳에 있는 것이 아니라,

우리 주님께서 나팔과 천사장의 호령 소리와 함께 재림하실 때에

영광스러운 모습으로 부활할 것을 믿습니다.

주님이 다시 오실 때까지 성령께서 이곳을 지켜 주옵소서.

또한 이 땅의 삶을 살아가는 우리를

주님께서 은혜와 사랑으로 인도하사,

진실한 마음으로 믿음을 지키게 하시며,

천국의 소망을 간직하여 영생에 이르게 하옵소서.

언제나 우리 삶을 선한 길로 인도하시는

우리 주 예수 그리스도의 이름으로 기도합니다. 아멘.

축 도(혹은 주님의 기도) / 집례자(다같이)

(집례자가 목사가 아닐 경우에 주님의 기도로 마친다.)

이장예식

예식사 / 집례자

지금부터 고(故) ○○○씨(장로, 권사, 집사, 성도)의 이장예식을 시작합니다.

기 원 / 집례자

주께서 호령과 천사장의 소리와 하나님의 나팔 소리로 친히 하늘로부터 강림하시리니 그리스도 안에서 죽은 자들이 먼저 일어나고 그 후에 우리 살아 남은 자들도 그들과 함께 구름 속으로 끌어올려 공중에서 주를 영접하게 하시리니 그리하여 우리가 항상 주와 함께 있으리라(데살로니가전서 4:16~17)

인간의 생사화복을 주관하시는 하나님 아버지,
우리에게 부활의 소망과 영생의 믿음을 주시니 감사합니다.
이제 우리가 고인의 시신을 새로운 장지로 이장하오니
성령께서 이 예식에 임재하여 주시기를 원합니다.
죽음을 이기시고 부활하신
예수 그리스도의 이름으로 기원합니다. 아멘.

찬 송 479장(통 290장) 괴로운 인생길 가는 몸이 / 다함께

　1. 괴로운 인생길 가는 몸이 평안히 쉴 곳 아주 없네
　　　걱정과 고생이 어디는 없으리 돌아갈 내 고향 하늘나라
　2. 광야에 찬바람 불더라도 앞으로 남은 길 멀지 않네
　　　산 넘어 눈보라 세차게 불어도 돌아갈 내 고향 하늘나라
　3. 날 구원하신 주 모시옵고 영원한 영광을 누리리라
　　　그리던 성도들 한 자리 만나리 돌아갈 내 고향 하늘나라.
　　　아멘.

기 도 / 맡은이

　생명의 근원이 되시는 하나님 아버지,
　우리의 인생은 흙에서 흙으로 돌아가지만,
　주님께서 재림하시는 날에
　신령한 몸으로 부활하게 될 것을 믿습니다.
　영원토록 함께하시는 주님,
　부활의 그날에 고인을 영광의 몸으로 변화시켜 주사,
　영생복락을 누리게 하옵소서.
　또한 유족들도 영생의 소망을 간직하여
　마음과 뜻과 힘을 다하여 하나님을 섬기고,
　사랑의 계명을 지키며 살아가는 믿음의 가정이 되게 하옵소서.
　우리의 영원한 소망이 되시는
　예수 그리스도의 이름으로 기도합니다. 아멘.

성경봉독 (요한복음 5:25~29) / 집례자

진실로 진실로 너희에게 이르노니 죽은 자들이 하나님의 아들의 음성을 들을 때가 오나니 곧 이 때라 듣는 자는 살아나리라 아버지께서 자기 속에 생명이 있음 같이 아들에게도 생명을 주어 그 속에 있게 하셨고 또 인자됨으로 말미암아 심판하는 권한을 주셨느니라 이를 놀랍게 여기지 말라 무덤 속에 있는 자가 다 그의 음성을 들을 때가 오나니 선한 일을 행한 자는 생명의 부활로, 악한 일을 행한 자는 심판의 부활로 나오리라

말씀선포 / 맡은이

기　도 / 집례자

우리의 삶을 주관하시는 하나님 아버지,
우리가 고인의 시신을 하나님의 은혜 안에
무사히 이장하게 하심을 감사합니다.
이 시간 다시 한 번 생명의 유한함을 깨닫게 하시고,
인생의 남은 날들을 하나님 나라를 소망하며,
주님을 위해 살아가는 믿음의 삶이 되게 하옵소서.
영생의 소망 안에서,
천국과 부활의 삶을 준비하는 우리가 되기를 간절히 원하오며,
주 예수 그리스도의 이름으로 기도합니다. 아멘.

축　도 (혹은 주님의 기도) / 집례자(다같이)
(집례자가 목사가 아닐 경우에 주님의 기도로 마친다.)

어린이 장례예식

예식사 / 집례자

지금부터 ○○○ 어린이의 장례예식을 시작합니다. 여러분께서는 이 예식이 엄숙하게 진행되도록 협조해 주시기 바랍니다.

기　원 / 다함께

진실로 너희에게 이르노니 너희가 돌이켜 어린 아이들과 같이 되지 아니하면 결단코 천국에 들어가지 못하리라 그러므로 누구든지 이 어린 아이와 같이 자기를 낮추는 사람이 천국에서 큰 자니라 (마태복음 18:3~4)

생명을 창조하시고 인생을 주관하시는 하나님 아버지,
주님께서 사랑하시는 ○○○ 어린이가
하나님에게서 이 세상에 왔다가,
다시 하나님께로 돌아갔습니다.
우리가 이 예식을 통하여 하나님의 깊은 뜻을 깨닫게 되기를
원합니다.
이 시간 유족들의 심령을 주님께 맡기오니,
위로하여 주시고 영원한 소망으로 채워 주옵소서.

우리 주 예수 그리스도의 이름으로 기원합니다. 아멘.

찬 송 606장(통 291장) 해보다 더 밝은 저 천국 / 다함께
 1. 해보다 더 밝은 저 천국 믿음만 가지고 가겠네
    믿는 자 위하여 있을 곳 우리 주 예비해 두셨네
 2. 찬란한 주의 빛 있으니 거기는 어두움 없도다
    우리들 거기서 만날 때 기쁜 낯 서로가 대하리
 3. 이 세상 작별한 성도들 하늘에 올라가 만날 때
    인간의 괴롬이 끝나고 이별의 눈물이 없겠네
 4. 광명한 하늘에 계신 주 우리도 모시고 살겠네
    성도들 즐거운 노래로 영광을 주 앞에 돌리리
 (후렴) 며칠 후 며칠 후 요단강 건너가 만나리
    며칠 후 며칠 후 요단강 건너가 만나리. 아멘.

기 도 / 맡은이
 어린이를 사랑하시고 축복하신 주님,
 사랑하는 ○○○의 죽음으로 인하여
 애통하는 가족을 위로하여 주시기를 원합니다.
 성령께서 가족의 슬픔 속에 함께하셔서,
 낙심하거나 시험에 빠지지 않게 하시고,
 어려움 속에서도 주님의 뜻을 헤아리는 믿음을 허락하옵소서.
 사랑하는 ○○○ 어린이가 다시는 슬픔과 아픔이 없고,
 질병과 사고가 없는 하나님 나라에서
 주님의 품에 안겨

더욱 편안하고 복된 삶을 살게 될 줄로 믿습니다.
우리가 지금은 사별의 의미를 모두 깨달을 수 없지만,
생명의 주인이 되시는 하나님의 선한 뜻이 있음을 믿고
서로 격려하며 위로받게 하옵소서.
절망 중에 소망으로 인도하시는
예수 그리스도의 이름으로 기도합니다. 아멘.

성경봉독 (시편 103:15~18) / 맡은이

인생은 그 날이 풀과 같으며 그 영화가 들의 꽃과 같도다 그것은 바람이 지나가면 없어지나니 그 있던 자리도 다시 알지 못하거니와 여호와의 인자하심은 자기를 경외하는 자에게 영원부터 영원까지 이르며 그의 의는 자손의 자손에게 이르리니 곧 그의 언약을 지키고 그의 법도를 기억하여 행하는 자에게로다

(참고 / 욥기 1:20~22; 마태복음 18:10; 마가복음 10:13~16)

말씀선포 / 집례자

기　도 / 집례자

인간의 생사화복을 주관하시는 하나님 아버지,
사랑하는 자녀를 잃고 슬퍼하는 유족들을 위로하옵소서.
이 시간 우리는 무어라 위로하고 권면할 수 없사오나,
하나님께서 신령한 은혜와 참된 소망으로
위로하여 주시기를 원합니다.
우리의 생각으로는 더 오랫동안 함께 살고 싶었지만,

이제 이 어린이는 우리의 곁을 떠나 주님께로 갔습니다.
사별의 괴로움으로 슬퍼하는 유족들에게
합력하여 선을 이루시는 주님의 섭리를 받아들이게 하시고,
믿음과 소망으로 살아갈 수 있도록 인도하옵소서.
또한 이 장례에 참여한 우리 모두 먼저 간 ○○○ 어린이와
천국에서 다시 만나 영원히 함께 살 날을 소망하면서,
믿음생활에 최선을 다하게 하여 주옵소서.
우리 주 예수 그리스도의 이름으로 기도합니다. 아멘.

찬 송 491장(통 543장) 저 높은 곳을 향하여 / 다함께

1. 저 높은 곳을 향하여 날마다 나아갑니다
   내 뜻과 정성 모아서 날마다 기도합니다
2. 괴롬과 죄가 있는 곳 나 비록 여기 살아도
   빛나고 높은 저곳을 날마다 바라봅니다
3. 의심의 안개 걷히고 근심의 구름 없는 곳
   기쁘고 참된 평화가 거기만 있사옵니다
4. 험하고 높은 이 길을 싸우며 나아갑니다
   다시금 기도하오니 내 주여 인도하소서
5. 내 주를 따라 올라가 저 높은 곳에 우뚝 서
   영원한 복락 누리며 즐거운 노래 부르리
   (후렴) 내 주여 내 맘 붙드사 그곳에 있게 하소서
   그곳은 빛과 사랑이 언제나 넘치옵니다.

축 도(혹은 주님의 기도) / 집례자(다같이)
(집례자가 목사가 아닐 경우에 주님의 기도로 마친다.)

출관과 운구 / 장지로

어린이 하관예식

집례 : 담임교역자

예식사 / 집례자

지금부터 ○○○ 어린이의 하관예식을 시작합니다. 다같이 엄숙한 마음으로 이 예식에 참여하시기 바랍니다.

기 원 / 집례자

주께서 호령과 천사장의 소리와 하나님의 나팔 소리로 친히 하늘로부터 강림하시리니 그리스도 안에서 죽은 자들이 먼저 일어나고 그 후에 우리 살아 남은 자들도 그들과 함께 구름 속으로 끌어올려 공중에서 주를 영접하게 하시리니 그리하여 우리가 항상 주와 함께 있으리라(데살로니가전서 4:16~17)

인간의 생사화복을 주관하시는 하나님 아버지,
우리가 ○○○ 어린이의 시신을 이곳에 안장하고자 합니다.
이 하관예식을 통하여 주님께서 재림하시는 그날,
우리 모두 부활하여 이 어린이와 기쁨으로 다시 만날 수 있는
믿음과 소망을 허락하여 주옵소서.
우리 주 예수 그리스도의 이름으로 기원합니다. 아멘.

찬 송 489장(통 541장) 저 요단강 건너편에 찬란하게 / 다함께

  1. 저 요단강 건너편에 찬란하게 뵈는 집

    예루살렘 새 집에서 주의 얼굴 뵈오리

  2. 주가 내게 부탁하신 모든 일을 마친 후

    예비하신 그 집에서 주의 얼굴 뵈오리

  3. 성도들이 함께 모여 할렐루야 부를 때

    나도 기쁜 마음으로 화답하여 부르리

  4. 이 세상에 사는 동안 주의 일에 힘쓰고

    썩을 장막 떠날 때에 주의 얼굴 뵈오리

  (후렴) 빛난 하늘 그 집에서 주의 얼굴 뵈오리

      한량없는 영광 중에 주의 얼굴 뵈오리.

기 도 / 맡은이

  생명의 근원이 되시는 하나님 아버지,

  여기에 안장되는 ○○○ 어린이의 육신은

  비록 우리 곁을 떠났지만,

  예수 그리스도께서 죽음을 이기시고 부활하신 것처럼,

  이 어린이 또한 주님께서 재림하시는 그날에

  신령한 몸으로 부활하여 우리와 다시 만나게 될 줄로 믿습니다.

  이제 사랑하는 가족이 슬픔을 거두고

  믿음생활에 최선을 다하게 하시고,

  하나님의 부르심을 받을 때에 ○○○ 어린이와 다시 만나,

  천국에서 영원히 살 수 있는 은혜를 허락하옵소서.

  우리 주 예수 그리스도의 이름으로 기도합니다. 아멘.

성경봉독 (요한계시록 22:1~5) / 맡은이

또 그가 수정 같이 맑은 생명수의 강을 내게 보이니 하나님과 및 어린 양의 보좌로부터 나와서 길 가운데로 흐르더라 강 좌우에 생명나무가 있어 열두 가지 열매를 맺되 달마다 그 열매를 맺고 그 나무 잎사귀들은 만국을 치료하기 위하여 있더라 다시 저주가 없으며 하나님과 그 어린 양의 보좌가 그 가운데에 있으리니 그의 종들이 그를 섬기며 그의 얼굴을 볼 터이요 그의 이름도 그들의 이마에 있으리라 다시 밤이 없겠고 등불과 햇빛이 쓸 데 없으니 이는 주 하나님이 그들에게 비치심이라 그들이 세세토록 왕 노릇 하리로다

(참고 / 시편 23:1~6)

말씀선포 / 집례자

선 고 / 집례자

(횡대를 덮은 후에, 집례자가 흙을 한 줌 쥐어 관에 뿌리며 다음과 같이 말한다.)

　　하나님에게서 보냄 받은 ○○○ 어린이가

　　하나님께로 돌아갔으므로

　　우리가 그의 시신을 땅에 묻습니다.

　　흙은 흙으로, 재는 재로, 먼지는 먼지로 돌아가지만,

　　마지막 날에는 모든 성도가 부활하여

　　주님 안에서 영생을 얻을 것입니다.

　　주님께서 다시 오셔서 영광과 위엄으로 심판하실 때에

　　주님을 믿는 모든 이는

영화로운 몸을 입어 부활할 것을 믿습니다. 아멘.

기 도 / 집례자(선고에 이어서 집례자가 다음과 같이 기도한다.)
　우리에게 영생을 주시는 하나님 아버지,
　어린이의 심령을 기뻐 받아주시는 주님께서
　○○○ 어린이에게 영원한 안식을 허락하여 주시기를 원합니다.
　주님께서 다시 오시는 그날,
　그리스도 안에서 죽은 이들이 영화로운 몸으로 부활하여
　주님의 영접을 받게 될 줄로 믿고 감사합니다.
　이제 이 땅에 남아 있는 우리를 성령께서 인도하여 주사,
　진실된 마음으로 믿음을 지켜 영원한 생명을 누리게 하옵소서.
　인생의 영원한 소망이 되시는
　예수 그리스도의 이름으로 기도합니다. 아멘.

찬 송 480장(통 293장) 천국에서 만나보자 / 다함께
(찬송하는 동안에 집례자, 상주, 유족, 조문객 순서대로 흙을 뿌린다. 꽃
이 준비되었으면 조문객들은 꽃을 뿌린다.)
　1. 천국에서 만나보자 그날 아침 거기서
　　순례자여 예비하라 늦어지지 않도록
　2. 너의 등불 밝혀있나 기다린다 신랑이
　　천국 문에 이를 때에 그가 반겨 맞으리
　3. 기다리던 성도들과 그 문에서 만날 때
　　참 즐거운 우리 모임 그 얼마나 기쁘랴
　(후렴) 만나보자 만나보자 저기 뵈는 저 천국 문에서

만나보자 만나보자 그날 아침 그 문에서 만나자.

※ 참고 / 235장(통 222장), 237장(통 226장)

축 도(혹은 주님의 기도) / 집례자(다같이)

(집례자가 목사가 아닐 경우에 주님의 기도로 마친다.)

위로예식
(집에 돌아와서)

(장지에서 돌아와 집안을 정리하고, 예배 상을 준비하여 고인의 사진을 올려놓고, 유족과 교인들은 그 앞에 둘러앉는다. 그리고 집례자는 상 옆에 앉거나 선다.)

집례 : 담임교역자

예식사 / 집례자

이제 고(故) ○○○씨(장로, 권사, 집사, 성도)의 장례를 마치고, 유족들을 위한 위로예식을 시작합니다.

조용한 기도 / 다함께

인생은 그 날이 풀과 같으며 그 영화가 들의 꽃과 같도다 그것은 바람이 지나가면 없어지나니 그 있던 자리도 다시 알지 못하거니와 여호와의 인자하심은 자기를 경외하는 자에게 영원부터 영원까지 이르며 그의 의는 자손의 자손에게 이르리니 곧 그의 언약을 지키고 그의 법도를 기억하여 행하는 자에게로다(시편 103:15~18)

찬 송 240장(통 231장) 주가 맡긴 모든 역사 / 다함께

1. 주가 맡긴 모든 역사 힘을 다해 마치고

밝고 밝은 그 아침을 맞을 때
요단강을 건너가서 주의 손을 붙잡고
기쁨으로 주의 얼굴 뵈오리

2. 하늘나라 올라가서 주님 앞에 절하고
온유하신 그 얼굴을 뵈올 때
있을 곳을 예비하신 크신 사랑 고마워
나의 주께 기쁜 찬송 드리리

3. 이 세상을 일찍 떠난 사랑하는 성도들
나를 맞을 준비하고 있겠네
저희들과 한 소리로 찬송 부르기 전에
먼저 사랑하는 주를 뵈오리

4. 영화로운 시온 성에 들어가서 다닐 때
흰옷 입고 황금 길을 다니며
금거문고 맞추어서 새 노래를 부를 때
세상 고생 모두 잊어버리리

(후렴) 나의 주를 나의 주를 내가 그의 곁에 서서 뵈오며
나의 주를 나의 주를 손에 못 자국을 보아 알겠네.

기 도 / 맡은이

우리의 삶을 인도하시는 하나님 아버지,
주님의 은혜 가운데 고(故) ○○○씨(장로, 권사, 집사, 성도)의
장례를 무사히 마치고 돌아오게 하심을 감사합니다.
이제 사랑하는 이를 떠나보내고
이 땅에 남아 있는 유족들을 기억하사,

크신 위로를 베풀어 주시기를 원합니다.

비록 지금은 헤어졌을지라도

하나님 나라에서 다시 만날 소망을 잃지 않게 하옵소서.

이제 우리가 성령의 도우심 가운데 믿음생활에 최선을 다하고,

영생을 소망하며 모든 슬픔을 이기고 승리하게 하여 주옵소서.

우리에게 하늘의 소망을 주시는

예수 그리스도의 이름으로 기도합니다. 아멘.

성경봉독 (데살로니가전서 5:1~11) / 맡은이

형제들아 때와 시기에 관하여는 너희에게 쓸 것이 없음은 주의 날이 밤에 도둑 같이 이를 줄을 너희 자신이 자세히 알기 때문이라 그들이 평안하다, 안전하다 할 그 때에 임신한 여자에게 해산의 고통이 이름과 같이 멸망이 갑자기 그들에게 이르리니 결코 피하지 못하리라 형제들아 너희는 어둠에 있지 아니하매 그 날이 도둑 같이 너희에게 임하지 못하리니 너희는 다 빛의 아들이요 낮의 아들이라 우리가 밤이나 어둠에 속하지 아니하나니 그러므로 우리는 다른 이들과 같이 자지 말고 오직 깨어 정신을 차릴지라 자는 자들은 밤에 자고 취하는 자들은 밤에 취하되 우리는 낮에 속하였으니 정신을 차리고 믿음과 사랑의 호심경을 붙이고 구원의 소망의 투구를 쓰자 하나님이 우리를 세우심은 노하심에 이르게 하심이 아니요 오직 우리 주 예수 그리스도로 말미암아 구원을 받게 하심이라 예수께서 우리를 위하여 죽으사 우리로 하여금 깨어 있든지 자든지 자기와 함께 살게 하려 하셨느니라 그러므로 피차 권면하고 서로 덕을 세우기를 너희가 하는 것 같이 하라

(참고 / 요한계시록 21:1~8)

말씀선포 / 집례자

기 도 / 집례자
    인생을 주관하시는 하나님 아버지,
    고(故) ○ ○ ○씨(장로, 권사, 집사, 성도)가
    주님의 부르심을 받고, 우리 곁을 떠났습니다.
    이제 우리도 인생의 무상과 유한함을 깨닫고
    영생을 준비하는 삶을 살아갈 수 있도록 인도하여 주옵소서.
    소망 없이 죽은 사람들처럼 슬퍼하지 않게 하시고,
    우리의 남은 생을 서로 위로하며,
    소망 중에 믿음을 지키며 살아가게 하여 주옵소서.

    (고인이 신자인 경우 추가한다.)
    이제 고인께서는 주님의 영접을 받고
    하나님의 나라에서 영원히 살게 될 줄로 믿사오니,
    우리도 온전히 하나님을 섬기게 하시고,
    이 땅에 살아가는 동안
    주님과 동행하며 승리하는 삶을 살게 하옵소서.

    우리의 삶 속에 언제나 함께하시는
    예수 그리스도의 이름으로 기도합니다. 아멘.

찬 송 242장(통 233장) 황무지가 장미꽃같이 / 다함께

1. 황무지가 장미꽃같이 피는 것을 볼 때에
   구속함의 노래 부르며 거룩한 길 다니리
2. 하나님의 아름다움과 그의 영광 볼 때에
   모든 괴롬 잊어버리고 거룩한 길 다니리
3. 마른 땅에 샘물 터지고 사막에 물 흐를 때
   기쁨으로 찬송 부르며 거룩한 길 다니리
4. 거기 악한 짐승 없으니 두려울 것 없겠네
   평안함과 즐거움으로 거룩한 길 다니리
5. 거기 죄인 전혀 없으니 거룩한 자뿐이라
   주님 주신 면류관 쓰고 거룩한 길 다니리
(후렴) 거기 거룩한 그 길에 검은 구름 없으니
   낮과 같이 맑고 밝은 거룩한 길 다니리.

축 도(혹은 주님의 기도) / 집례자(다같이)
(집례자가 목사가 아닐 경우에 주님의 기도로 마친다.)

첫 성묘예식

(첫 성묘는 일반적으로 장사한 지 사흘째 되는 날에 하지만, 주일을 피해 유족들이 모이기 편한 날에 할 수도 있다. 묘소에 도착하면 먼저 준비한 꽃바구니나 꽃다발을 적당한 자리에 놓고, 조용히 기도한다. 묘소 앞에 모여서 예식을 행하되, 교역자 또는 가족 중에 어른이 인도한다.)

인도 : 담임교역자(가족 중)

예식사 / 인도자

　이 세상을 떠나 주님의 나라로 가신 고(故) ○○○씨(장로, 권사, 집사, 성도)를 기억하면서, 첫 성묘예식을 시작합니다.

기　원 / 다함께

　나는 부활이요 생명이니 나를 믿는 자는 죽어도 살겠고 무릇 살아서 나를 믿는 자는 영원히 죽지 아니하리니 이것을 네가 믿느냐 이르되 주여 그러하외다 주는 그리스도시요 세상에 오시는 하나님의 아들이신 줄 내가 믿나이다(요한복음 11:25~27)

　사랑과 은혜의 하나님 아버지,
　오늘 고(故) ○○○씨(장로, 권사, 집사, 성도)의
　첫 성묘예식을 행함으로

우리의 믿음을 다시 확인하는 시간이 되게 하심을 감사합니다.

이 시간 우리의 삶을 주관하시는 하나님께

모든 영광을 돌리게 하시고,

주님의 교훈에 따라 믿음의 가문을 이어가는

복된 가정으로 인도하옵소서.

우리 주 예수 그리스도의 이름으로 기원합니다. 아멘.

찬 송 491장(통 543장) 저 높은 곳을 향하여 / 다함께

(또는 고인이 즐겨 부르던 찬송)

1. 저 높은 곳을 향하여 날마다 나아갑니다
   내 뜻과 정성 모아서 날마다 기도합니다
2. 괴롬과 죄가 있는 곳 나 비록 여기 살아도
   빛나고 높은 저곳을 날마다 바라봅니다
3. 의심의 안개 걷히고 근심의 구름 없는 곳
   기쁘고 참된 평화가 거기만 있사옵니다
4. 험하고 높은 이 길을 싸우며 나아갑니다
   다시금 기도하오니 내 주여 인도하소서
5. 내 주를 따라 올라가 저 높은 곳에 우뚝 서
   영원한 복락 누리며 즐거운 노래 부르리
(후렴) 내 주여 내 맘 붙드사 그곳에 있게 하소서
       그곳은 빛과 사랑이 언제나 넘치옵니다.

기 도 / 맡은이

사랑과 은혜의 하나님 아버지,

주님의 은혜와 위로하심 가운데 고인의 장례를 마치게 하시고,
오늘 고인의 묘소에 찾아와
첫 성묘예식을 행하게 하심을 감사합니다.
슬픔을 당한 가족을 지금까지 지켜 인도하여 주셨듯이,
앞으로도 굳건한 믿음과 소망으로 인도하여 주시기를 원합니다.
특별히 고인이 원하던 대로 온 가족이 화목한 삶을 살게 하시며,
신앙생활에 최선을 다하며
믿음의 풍성한 열매를 맺게 하여 주옵소서.
오늘의 예식을 통하여 서로 사랑 안에서 교통하며,
부활의 소망을 확인하는 시간이 되게 하여 주옵소서.
하늘의 소망을 주시는
우리 주 예수 그리스도의 이름으로 기도합니다. 아멘

성경봉독 (잠언 3:1~10) / 맡은이

내 아들아 나의 법을 잊어버리지 말고 네 마음으로 나의 명령을 지키라 그리하면 그것이 네가 장수하여 많은 해를 누리게 하며 평강을 더하게 하리라 인자와 진리가 네게서 떠나지 말게 하고 그것을 네 목에 매며 네 마음판에 새기라 그리하면 네가 하나님과 사람 앞에서 은총과 귀중히 여김을 받으리라 너는 마음을 다하여 여호와를 신뢰하고 네 명철을 의지하지 말라 너는 범사에 그를 인정하라 그리하면 네 길을 지도하시리라 스스로 지혜롭게 여기지 말지어다 여호와를 경외하며 악을 떠날지어다 이것이 네 몸에 양약이 되어 네 골수를 윤택하게 하리라 네 재물과 네 소산물의 처음 익은 열매로 여호와를 공경하라 그리하면 네 창고가 가득히 차고 네 포

도즙 틀에 새 포도즙이 넘치리라

(참고 / 고린도후서 5:1~5)

말씀선포 / 맡은이

기 도 / 맡은이

　약할 때에 힘을 주시는 하나님 아버지,

　어렵고 힘들었던 순간마다

　하나님의 사랑을 확인할 수 있도록 인도해 주시니 감사합니다.

　고인을 보내는 이별이 참기 어려운 슬픔이었지만,

　주님을 의지하는 믿음과 하나님 나라에 대한 소망으로

　우리를 인도하여 주신 줄로 믿습니다.

　이제는 어떠한 난관이 있을지라도

　우리의 믿음이 흔들리지 않게 하시고,

　주님의 나라에 영접되는 그 날까지

　믿음생활에 최선을 다하게 하여 주옵소서.

　육신의 문제 때문에 영혼의 문제를 잊고 살아가는

　어리석은 자가 되지 않게 하시고,

　우리 인생의 날을 계수하여 지혜로운 삶을 살게 하여 주옵소서.

　우리 주 예수 그리스도의 이름으로 기도합니다. 아멘.

찬 송 380장(통 424장) 나의 생명 되신 주 / 다함께

　1. 나의 생명 되신 주 주님 앞에 나아갑니다

　　주의 흘린 보혈로 정케 하사 받아 주소서

2. 괴론 세상 지낼 때 나를 인도하여 주소서
   주를 믿고 나가면 나의 길을 잃지 않겠네
3. 세상 살아 갈 때에 주를 더욱 사랑합니다
   밝고 빛난 천국에 나의 영혼 들어가겠네
(후렴) 날마다 날마다 주를 찬송하겠네
       주의 사랑 줄로써 나를 굳게 잡아 매소서. 아멘.

축 도(혹은 주님의 기도) / 인도자(다같이)
(인도자가 목사가 아닐 경우에 주님의 기도로 마친다.)

＊예식 후에
① 묘소 주위를 돌아보고 정리한다.
② 묘소의 성분 상태와 비석을 포함한 석물의 위치와 크기 모양
   등에 대하여 의논한다.
③ 준비해 온 음식이 있으면 함께 나눈다.

추모예식

(상 위에 사진을 올려놓고 촛불이나 꽃으로 장식한다. 가족과 성도는 그 앞에 둘러앉고, 인도자는 상 옆에 앉거나 선다. 직분이 없는 고령자에게 는 어른, 선생님, 할아버지, 할머니 등, 적절한 호칭을 사용한다. 첫 추모 예식은 담임교역자가 인도하면 좋을 것이다.)

인도 : 담임교역자

예식사 / 인도자

고(故) ○○○씨(장로, 권사, 집사, 성도)의 ○○주기 추모일을 맞 이하여, 추모예식을 시작합니다.

조용한 기도 / 다함께

너희는 마음에 근심하지 말라 하나님을 믿으니 또 나를 믿으라 내 아버지 집에 거할 곳이 많도다 그렇지 않으면 너희에게 일렀으 리라 내가 너희를 위하여 거처를 예비하러 가노니 가서 너희를 위 하여 거처를 예비하면 내가 다시 와서 너희를 내게로 영접하여 나 있는 곳에 너희도 있게 하리라 내가 어디로 가는지 그 길을 너희가 아느니라 도마가 이르되 주여 주께서 어디로 가시는지 우리가 알 지 못하거늘 그 길을 어찌 알겠사옵나이까 예수께서 이르시되 내 가 곧 길이요 진리요 생명이니 나로 말미암지 않고는 아버지께로

올 자가 없느니라(요한복음 14:1~6)

찬 송 488장(통 539장) 이 몸의 소망 무언가 / 다함께

　1. 이 몸의 소망 무언가 우리 주 예수뿐일세

　　우리 주 예수밖에는 믿을 이 아주 없도다

　2. 무섭게 바람 부는 밤 물결이 높이 설렐 때

　　우리 주 크신 은혜에 소망의 닻을 주리라

　3. 세상에 믿던 모든 것 끊어질 그날 되어도

　　구주의 언약 믿사와 내 소망 더욱 크리라

　4. 바라던 천국 올라가 하나님 앞에 뵈올 때

　　구주의 의를 힘입어 어엿이 바로 서리라

　(후렴) 주 나의 반석이시니 그 위에 내가 서리라

　　　　그 위에 내가 서리라.

기 도 / 맡은이

　영원부터 영원까지 살아 계셔서

　인간의 생사화복을 주관하시는 하나님 아버지,

　오늘은 우리의 ○○○ (아버님, 어머님 등 경우에 따라 기타 호칭을

　사용),

　고(故) ○○○씨(장로, 권사, 집사, 성도)를 하나님께서 불러 가신

　날을 맞아 그날을 기억하고 추모하기 위하여 가족이 함께 모였

　습니다.

　이 시간 우리를 불쌍히 여겨 주사,

　주님의 위로와 평강으로 채워 주시기를 원합니다.

자비로우신 주님,
연약한 우리가 하나님과 사람 앞에서 부족했던
모든 허물을 용서하여 주옵소서.(또한 우리가 육신의 부모님에게
잘못했던 일들이 많았음을 기억하며 회개하오니 용서하여 주옵소서.)
이제 우리의 가족들을 더욱 굳센 믿음으로 세워 주셔서,
주님의 뜻을 청종하는 믿음의 가정으로 인도하여 주옵소서.

(고인이 신자였던 경우에 추가한다.)
고(故) ○○○씨(장로, 권사, 집사, 성도)가
이 세상에서 믿음생활하시다가 하나님의 부르심을 받은 것처럼,
우리도 믿음생활에 최선을 다하다가,
주님의 나라에서 고인을 다시 만날 수 있게 하옵소서.
이 시간 모든 순서를 성령께서 인도하여 주사,
하나님께는 영광을 돌리고
우리는 새로운 은혜와 복을 받는 시간이 되게 하여 주옵소서.

영원한 소망을 주시는
예수 그리스도의 이름으로 기도합니다. 아멘.

성경봉독(열왕기상 2:1~3) / 맡은이
다윗이 죽을 날이 임박하매 그의 아들 솔로몬에게 명령하여 이르되 내가 이제 세상 모든 사람이 가는 길로 가게 되었노니 너는 힘써 대장부가 되고 네 하나님 여호와의 명령을 지켜 그 길로 행하여 그 법률과 계명과 율례와 증거를 모세의 율법에 기록된 대로 지키

라 그리하면 네가 무엇을 하든지 어디로 가든지 형통할지라

(참고 / 잠언 3:1~3; 시편 90:1~6)

약력소개 / 맡은이

(세상을 떠난 분의 약력, 행적, 유훈, 성품, 그에 대한 인상 깊었던 일들을 가족이나 친지 중에 맡은이가 한다.)

말씀선포 / 인도자

기 도 / 인도자

　　우리의 삶을 주관하시는 하나님 아버지,

　　우리는 죽음에서 멀지 않은 인생들이면서도

　　현재만 바라보고 미래를 볼 줄 모르는 어리석은 삶을 살아왔습니다.

　　그러나 이 시간 영원한 하나님의 나라가 있음을

　　주님의 말씀을 통하여 깨닫게 하시니 감사합니다.

　　이제는 고인의 신앙의 유산을 이어받아

　　주님의 부르심을 받는 그 순간까지 믿음생활에 최선을 다하며

　　하나님 앞에 충성된 종으로 살아가게 하여 주옵소서.

　　우리가 영원한 세계를 바라보게 하시며,

　　항상 소망 중에 즐거워하며 모든 시험과 시련을 이기고

　　영생에 이를 수 있도록 인도하여 주옵소서.

　　우리 가정에 하나님의 은혜와 복을 내려 주사,

　　후손들이 영원한 하나님의 기업을 얻게 하옵소서.

우리에게 영생을 주시는
예수 그리스도의 이름으로 기도합니다. 아멘.

찬 송 489장(통 541장) 저 요단강 건너편에 찬란하게 / 다함께

1. 저 요단 강 건너편에 찬란하게 뵈는 집
   예루살렘 새 집에서 주의 얼굴 뵈오리
2. 주가 내게 부탁하신 모든 일을 마친 후
   예비하신 그 집에서 주의 얼굴 뵈오리
3. 성도들이 함께 모여 할렐루야 부를 때
   나도 기쁜 마음으로 화답하여 부르리
4. 이 세상에 사는 동안 주의 일에 힘쓰고
   썩을 장막 떠날 때에 주의 얼굴 뵈오리
(후렴) 빛난 하늘 그 집에서 주의 얼굴 뵈오리
   한량없는 영광 중에 주의 얼굴 뵈오리.

축 도(혹은 주님의 기도) / 인도자(다같이)
(인도자가 목사가 아닐 경우에 주님의 기도로 마친다.)

명절 추도예식

*명절 추도예식의 의미

명절 추도예식은 온 가족이 기독교인 경우에는 문제가 없지만, 가족 중에 불신자가 있을 경우에는 서로 의견 대립이 있을 수 있으므로 지혜롭게 대처해야 한다.

기독교에서는 제사라고 하지 않고 추도식이라고 하는데, 추도식은 ①고인을 추모하고 ②생전의 은덕과 뜻을 기리며 ③가족들의 신앙을 독려하고 화목을 다지는 기회로 삼는다.

*준 비

① 상을 준비하여 깨끗한 모조지를 깐다.
② 고인의 사진을 준비하여 상 위에 세워 놓고, 검은 리본으로 장식한다.
③ 사진 좌우에는 흰 초를 세워 놓고 불을 켠다.
④ 전면에는 고인이 사용하던 성경, 찬송가를 올려놓는다.
⑤ 상 오른쪽에는(혹 왼쪽에) 화병에 꽃을 꽂아 세워 놓는다.
⑥ 식을 진행할 때에 인도자는 상 옆쪽에 가족들을 향해 앉는다.
⑦ 가족들은 사진을 향해 마주 앉아 예식을 행한다.(형편에 따라 둘러앉을 수도 있다.)
⑧ 예식이 끝난 후에 준비된 음식을 차려서 먹는다.(상을 차려놓고 그 앞에 절하는 것을 삼간다.)

명절 추도예식

예식사 / 인도자

오늘 우리 민족의 고유 명절인 설날(혹은 추석)을 맞이하여, 먼저 하나님의 부르심을 받아 하늘나라에 가신 부모님을 추모하는 마음으로 추도예식을 시작합니다.

조용한 기도(잠언 3:1~4) / 인도자

내 아들아 나의 법을 잊어버리지 말고 네 마음으로 나의 명령을 지키라 그리하면 그것이 네가 장수하여 많은 해를 누리게 하며 평강을 더하게 하리라 인자와 진리가 네게서 떠나지 말게 하고 그것을 네 목에 매며 네 마음판에 새기라 그리하면 네가 하나님과 사람 앞에서 은총과 귀중히 여김을 받으리라

찬 송 559장(통 305장) 사철에 봄바람 불어 잇고 / 다함께

1. 사철에 봄바람 불어 잇고 하나님 아버지 모셨으니
   믿음의 반석도 든든하다 우리 집 즐거운 동산이라
2. 어버이 우리를 고이시고 동기들 사랑에 뭉쳐 있고
   기쁨과 설움도 같이 하니 한간의 초가도 천국이라
3. 아침과 저녁에 수고하여 다같이 일하는 온 식구가
   한상에 둘러서 먹고 마셔 여기가 우리의 낙원이라
   (후렴) 고마워라 임마누엘 예수만 섬기는 우리 집

고마워라 임마누엘 복되고 즐거운 하루하루.

기 도 / 가족 중

(경우와 상황에 따라 기도의 내용을 추가해도 좋을 것이다.)

사랑과 은혜가 충만하신 하나님 아버지,

우리를 주님의 구원받은 백성으로 선택하여 주시고,

변함없는 사랑으로 인도하여 주심을 감사합니다.

우리 민족의 고유명절인 설날(혹은 추석)을 맞이하여,

추도예식을 거행하오니 주님의 은총을 베풀어 주옵소서.

이 시간 부모님의 은덕과 뜻을 기억하며

추모하는 시간이 되게 하시고,

온 가족이 믿음 안에서 하나가 되는 시간이 되게 하여 주옵소서.

(부모님이 신자일 경우에 추가한다.)

부모님께서 우리를 낳으시고 믿음과 기도로 키워 주셨듯이,

우리도 자녀들에게 믿음의 유산을 물려주어,

자손만대에 하나님의 복을 누리는 가정이 되게 하여 주옵소서.

또한 이 예식 위에 성령께서 함께하여 주사,

우리가 하나님 나라에 대한 소망을 확신하는 시간이

되게 하여 주옵소서.

우리 주 예수 그리스도의 이름으로 기도합니다. 아멘.

성경봉독(디모데후서 1:3~5) / 인도자

　내가 밤낮 간구하는 가운데 쉬지 않고 너를 생각하여 청결한 양심으로 조상적부터 섬겨 오는 하나님께 감사하고 네 눈물을 생각하여 너 보기를 원함은 내 기쁨이 가득하게 하려 함이니 이는 네 속에 거짓이 없는 믿음이 있음을 생각함이라 이 믿음은 먼저 네 외조모 로이스와 네 어머니 유니게 속에 있더니 네 속에도 있는 줄을 확신하노라

　(참고 / 신명기 6:6~9)

추모사 / 인도자

(고인의 유언, 유훈(음성), 유품, 행적을 회고하면서 서로 교훈을 나눈다.)

말씀선포 / 인도자

기　도 / 인도자

　은혜와 사랑이 풍성하신 하나님 아버지,

　우리에게 은혜를 내려 주사,

　가족과 함께 명절의 기쁨을 나누게 하시니 감사합니다.

　온 가족이 하나님만을 경외하고 말씀을 청종하여,

　손이 수고한 대로 먹게 하시며,

　가정의 평안과 자손의 복을 누리게 하여 주옵소서.

　특별히 우리보다 먼저 하나님의 부르심을 받은

　부모님의 신앙의 유산을 이어받아,

　우리도 부르심을 받는 그 순간까지 믿음생활에 최선을 다하며

하나님 앞에 충성된 종으로 살아가게 하여 주옵소서.
"심은 대로 거두리라."는 말씀대로,
우리의 삶이 육체를 위하여 심지 않고,
성령을 위하여 심게 하사 영생을 거두는 삶이 되게 하옵소서.
또한 이 명절에 하나님의 창조하신 자연의 섭리를 깨닫고,
아름다운 믿음의 열매를 충만히 맺게 하옵소서.
그리고 더 나아가 우리 이웃들에게 믿음의 모범을 보임으로
그들을 주님께로 인도하는 가정이 되게 하여 주옵소서.
우리 주 예수 그리스도의 이름으로 기도합니다. 아멘.

찬 송 384장(통 434장) 나의 갈 길 다 가도록 / 다함께

　1. 나의 갈 길 다 가도록 예수 인도하시니
　　　내 주 안에 있는 긍휼 어찌 의심하리요
　　　믿음으로 사는 자는 하늘 위로 받겠네
　　　무슨 일을 만나든지 만사형통 하리라
　　　무슨 일을 만나든지 만사형통 하리라
　2. 나의 갈 길 다 가도록 예수 인도하시니
　　　어려운 일 당한 때도 족한 은혜 주시네
　　　나는 심히 고단하고 영혼 매우 갈하나
　　　나의 앞에 반석에서 샘물 나게 하시네
　　　나의 앞에 반석에서 샘물 나게 하시네
　3. 나의 갈 길 다 가도록 예수 인도하시니
　　　그의 사랑 어찌 큰지 말로 할 수 없도다
　　　성령감화 받은 영혼 하늘나라 갈 때에

영영 부를 나의 찬송 예수 인도하셨네

영영 부를 나의 찬송 예수 인도하셨네. 아멘.

주님의 기도 / 다함께

Ⅳ. 가정의례

경축례
출산 감사예배 · 백일 감사예배 · 돌 감사예배
생일 감사예배 · 장수(회갑, 칠순, 팔순) 감사예배 · 성인예식

주택과 생업
주택 기공예식 · 주택 정초예식 · 주택 상량예식
주택 준공예식 · 주택 입주예식 · 개업예식

경 축 례

출산 감사예배

인도 : 담임교역자

시작하는 말 / 인도자

새 생명을 주신 하나님께 감사하는 마음으로 출산 감사예배를
드립니다.

조용한 기도 / 다함께

(조용히 기도하는 중에 인도자는 시편 127:1~5을 낭독한 후에 기원한다.)

여호와께서 집을 세우지 아니하시면 세우는 자의 수고가 헛되며
여호와께서 성을 지키지 아니하시면 파수꾼의 깨어 있음이 헛되도
다 너희가 일찍이 일어나고 늦게 누우며 수고의 떡을 먹음이 헛되
도다 그러므로 여호와께서 그의 사랑하시는 자에게는 잠을 주시는
도다 보라 자식들은 여호와의 기업이요 태의 열매는 그의 상급이
로다 젊은 자의 자식은 장사의 수중의 화살 같으니 이것이 그의 화
살통에 가득한 자는 복되도다 그들이 성문에서 그들의 원수와 담
판할 때에 수치를 당하지 아니하리로다. 아멘.

찬 송 569장(통 442장) 선한 목자 되신 우리 주 / 다함께

1. 선한 목자 되신 우리 주 항상 인도하시고
   푸른 풀밭 좋은 곳에서 우리 먹여 주소서
   선한 목자 구세주여 항상 인도하소서
   선한 목자 구세주여 항상 인도하소서

2. 양의 문이 되신 예수여 우리 영접하시고
   길을 잃은 양의 무리를 항상 인도합소서
   선한 목자 구세주여 기도 들어주소서
   선한 목자 구세주여 기도 들어주소서

3. 흠이 많고 약한 우리를 용납하여 주시고
   주의 넓고 크신 은혜로 자유 얻게 하셨네
   선한 목자 구세주여 지금 나아갑니다
   선한 목자 구세주여 지금 나아갑니다

4. 일찍 주의 뜻을 따라서 살아가게 하시고
   주의 크신 사랑 베푸사 따라가게 하소서
   선한 목자 구세주여 항상 인도하소서
   선한 목자 구세주여 항상 인도하소서. 아멘.

※ 참고 / 28장(통 28장), 79장(통 40장), 225장(통 298장)
　　　　　304장(통 404장), 384장(통 434장)

기 도 / 맡은이

생명을 주관하시는 하나님 아버지,
이 가정에 귀한 생명을 주셔서 감사합니다.
어린 생명을 통하여 하나님께는 영광을 돌리게 하시고,

이 가정에는 기쁨과 소망이 넘쳐나게 하옵소서.

어린 아이에게 복을 주셔서 하나님과 사람들에게 사랑을 받으며

지혜롭고 건강하게 자라도록 인도하여 주시기를 원합니다.

어려서부터 주님의 사랑을 깨달아

하나님을 경외하는 삶을 살아가게 하시고,

장차 하나님과 이웃을 위해 봉사하는 사람이 되게 하옵소서.

해산하기까지 수고한 산모의 건강도

속히 회복시켜 주시기를 원하오며,

우리 주 예수 그리스도의 이름으로 기도합니다. 아멘.

성경봉독 (요한복음 16:21~22) / 맡은이

여자가 해산하게 되면 그 때가 이르렀으므로 근심하나 아기를 낳으면 세상에 사람 난 기쁨으로 말미암아 그 고통을 다시 기억하지 아니하느니라 지금은 너희가 근심하나 내가 다시 너희를 보리니 너희 마음이 기쁠 것이요 너희 기쁨을 빼앗을 자가 없으리라

(참고 / 누가복음 2:28~35; 이사야 40:9~11)

말씀선포 / 맡은이

기 도 / 말씀선포자 또는 맡은이

생명의 근원이 되시는 하나님 아버지,

하나님께서 이 가정에 새 생명을 보내 주셔서

사랑과 기쁨으로 가득 차게 하시니 감사합니다.

부모들에게 믿음과 은혜를 더하여 주사

어린 생명을 허락하신 하나님의 뜻에 따라
말씀과 기도로 양육하게 하옵소서.
또한 이 아이가 부모와 가족들의 사랑으로
건강하고 지혜롭게 성장함으로
많은 이들에게 주님의 사랑을 증거하며
하나님의 영광을 나타내는 믿음의 사람이 되게 하옵소서.
특별히 아이의 성장과정 속에 여호와이레가 되어 주셔서
모든 어려움과 위험에서 지켜 주시고,
주님께서 이 아이를 통하여 영광을 받으시옵소서.
우리 주 예수 그리스도의 이름으로 기도합니다. 아멘.

찬 송 570장(통 453장) 주는 나를 기르시는 목자 / 다함께
　1. 주는 나를 기르시는 목자요 나는 주님의 귀한 어린 양
　　 푸른 풀밭 맑은 시냇물가로 나를 늘 인도하여 주신다
　2. 예쁜 새들 노래하는 아침과 노을 비끼는 고운 황혼에
　　 사랑하는 나의 목자 음성이 나를 언제나 불러 주신다
　3. 못된 짐승 나를 해치 못하고 거친 비바람 상치 못하리
　　 나의 주님 강한 손을 펼치사 나를 주야로 지켜 주신다
　(후렴) 주는 나의 좋은 목자 나는 그의 어린 양
　　　　 철을 따라 꼴을 먹여 주시니 내게 부족함 전혀 없어라. 아멘.
　※ 참고 / 304장(통 404장), 569장(통 442장)

축 도 (혹은 주님의 기도) / 인도자(다같이)
(인도자가 목사가 아닐 경우에 주님의 기도로 마친다.)

백일 감사예배

시작하는 말 / 인도자

이제, ○○○의 백일을 맞이하여 백일 감사예배를 드립니다.

조용한 기도 / 다함께

(조용히 기도하는 중에 인도자는 요한삼서 1:2을 낭독한 후에 기원한다.)

　사랑하는 자여

　네 영혼이 잘됨 같이

　네가 범사에 잘되고

　강건하기를 내가 간구하노라. 아멘.

찬　송 565장(통 300장) 예수께로 가면 / 다함께

　1. 예수께로 가면 나는 기뻐요

　　걱정 근심 없고 정말 즐거워

　2. 예수께로 가면 맞아 주시고

　　나를 사랑하사 용서하셔요

　3. 예수께로 가면 손을 붙잡고

　　어디서나 나를 인도하셔요

　(후렴) 예수께로 가면 나는 기뻐요

나와 같은 아이 부르셨어요.

※ 참고 / 563장(통 411장)

기 도 / 맡은이

복의 근원이 되시는 하나님 아버지,

사랑하는 ○○○(이)가

주님의 은혜와 도우심으로 건강하게 자라

백일을 맞이하게 하심을 감사합니다.

에벤에셀의 하나님 아버지, ○○○에게 여호와이레가 되사,

영혼이 잘됨 같이 범사가 잘되고 강건하도록 붙들어 주셔서,

주님께는 영광이요,

가족과 이웃들에게는 기쁨이 되는 아이가 되게 하옵소서.

또한 백일을 축하하는 우리도 생명의 고귀함을 깨달아,

이 아이를 보내 주신 하나님의 뜻을 따라 믿음으로 응답하며,

주님께서 원하시는 복된 삶을 살게 하옵소서.

우리 주 예수 그리스도의 이름으로 기도합니다. 아멘.

성경봉독 (마태복음 18:1~6) / 맡은이

그 때에 제자들이 예수께 나아와 이르되 천국에서는 누가 크니
이까 예수께서 한 어린 아이를 불러 그들 가운데 세우시고 이르시
되 진실로 너희에게 이르노니 너희가 돌이켜 어린 아이들과 같이
되지 아니하면 결단코 천국에 들어가지 못하리라 그러므로 누구든
지 이 어린 아이와 같이 자기를 낮추는 사람이 천국에서 큰 자니라
또 누구든지 내 이름으로 이런 어린 아이 하나를 영접하면 곧 나를

영접함이니 누구든지 나를 믿는 이 작은 자 중 하나를 실족하게 하면 차라리 연자 맷돌이 그 목에 달려서 깊은 바다에 빠뜨려지는 것이 나으니라

　(참고 / 신명기 6:4~9; 마태복음 19:13~15; 시편 128:1~4)

말씀선포 / 맡은이

기　도 / 인도자

　백일 전에 ○○○을(를) 태어나게 하신 하나님 아버지,
　주님의 섭리와 은총 가운데 이 가정에 귀한 생명을 보내 주셨으니,
　하나님의 선하신 뜻대로 인도하여 주시기를 원합니다.
　이 아이가 날마다 건강하고 지혜롭게 성장하게 하시며
　평생토록 하나님만을 경외하게 하시고,
　주님께 쓰임 받는 일꾼으로 자라나게 하옵소서.
　이 아이가 자라가는 동안에
　언제나 하나님의 은혜 가운데 거하게 하시고,
　믿음으로 성장하여 하나님의 영광을 위하여 살게 하옵소서.
　또한 부모에게 믿음과 은혜를 더하여 주사,
　자녀를 허락하신 하나님의 뜻에 따라 말씀과 기도로 양육하여,
　이 자녀가 온전한 주의 일꾼으로 쓰임 받게 하옵소서.
　우리 주 예수 그리스도의 이름으로 기도합니다. 아멘.

찬 송 570장(통 453장) 주는 나를 기르시는 목자 / 다함께

1. 주는 나를 기르시는 목자요 나는 주님의 귀한 어린 양
   푸른 풀밭 맑은 시냇물가로 나를 늘 인도하여 주신다
2. 예쁜 새들 노래하는 아침과 노을 비끼는 고운 황혼에
   사랑하는 나의 목자 음성이 나를 언제나 불러 주신다
3. 못된 짐승 나를 해치 못하고 거친 비바람 상치 못하리
   나의 주님 강한 손을 펼치사 나를 주야로 지켜 주신다
(후렴) 주는 나의 좋은 목자 나는 그의 어린 양
   철을 따라 꼴을 먹여 주시니 내게 부족함 전혀 없어라. 아멘.

축 도(혹은 주님의 기도) / 인도자(다같이)
(인도자가 목사가 아닐 경우에 주님의 기도로 마친다.)

돌 감사예배

인도 : 담임교역자

시작하는 말 / 인도자

이제, ○○○의 첫돌을 맞이하여 돌 감사예배를 드립니다.

조용한 기도 / 다함께

(조용히 기도하는 중에 인도자는 예레미야 17:7~8을 낭독한 후에 기원한다.)

무릇 여호와를 의지하며 여호와를 의뢰하는 그 사람은 복을 받을 것이라 그는 물 가에 심어진 나무가 그 뿌리를 강변에 뻗치고 더위가 올지라도 두려워하지 아니하며 그 잎이 청청하며 가무는 해에도 걱정이 없고 결실이 그치지 아니함 같으리라. 아멘.

찬 송 569장(통 442장) 선한 목자 되신 우리 주 / 다함께

  1. 선한 목자 되신 우리 주 항상 인도하시고
     푸른 풀밭 좋은 곳에서 우리 먹여 주소서
     선한 목자 구세주여 항상 인도하소서
     선한 목자 구세주여 항상 인도하소서
  2. 양의 문이 되신 예수여 우리 영접하시고
     길을 잃은 양의 무리를 항상 인도하소서

선한 목자 구세주여 기도 들어주소서

선한 목자 구세주여 기도 들어주소서

3. 흠이 많고 약한 우리를 용납하여 주시고

주의 넓고 크신 은혜로 자유 얻게 하셨네

선한 목자 구세주여 지금 나아갑니다

선한 목자 구세주여 지금 나아갑니다

4. 일찍 주의 뜻을 따라서 살아가게 하시고

주의 크신 사랑 베푸사 따라가게 하소서

선한 목자 구세주여 항상 인도하소서

선한 목자 구세주여 항상 인도하소서. 아멘.

※ 참고 / 566장(통 301장), 563장(통 411장)

기 도 / 맡은이

생명의 근원이 되시는 하나님 아버지,

사랑하는 ○○○(이)가 지난 일 년 동안 건강하게 자라

첫돌을 맞이하게 하심을 감사합니다.

에벤에셀의 하나님 아버지,

○○○에게 여호와이레가 되어 주사,

영혼이 잘됨 같이 범사가 잘되고 강건하도록 붙들어 주셔서,

주님께는 영광이요,

가족과 이웃들에게는 기쁨이 되는 아이가 되게 하옵소서.

또한 첫돌을 축하하는 우리도 생명의 고귀함을 깨달아,

이 아이를 보내 주신 하나님의 뜻을 따라 믿음으로 응답하며,

주님께서 원하시는 복된 삶을 살게 하여 주옵소서.

우리 주 예수 그리스도의 이름으로 기도합니다. 아멘.

성경봉독 (누가복음 2:40, 52) / 맡은이

아기가 자라며 강하여지고 지혜가 충만하며
하나님의 은혜가 그의 위에 있더라
(누가복음 2:40)

예수는 지혜와 키가 자라가며
하나님과 사람에게 더욱 사랑스러워 가시더라.
(누가복음 2:52)
(참고 / 에베소서 6:1~4; 시편 127:3~5)

말씀선포 / 맡은이

기 도 / 맡은이

지난 일 년 동안 ○○○(이)를 잘 자라게 하신 하나님 아버지,
주님의 섭리와 은총으로 이 가정에 귀한 생명을 보내 주셨으니,
하나님의 선하신 뜻대로 인도하여 주시기를 원합니다.
이 아기가 날마다 건강하고 지혜롭게 성장하게 하시며
평생토록 하나님만을 경외하게 하시고,
주님께 쓰임 받는 일꾼으로 자라나게 하여 주옵소서.
이 아이가 자라가는 동안
언제나 하나님의 은혜 가운데 거하게 하시고,
믿음으로 성장하여 하나님의 영광을 위하여 살게 하옵소서.

또한 부모에게 믿음과 은혜를 더하여 주사,

자녀를 허락하신 하나님의 뜻에 따라 말씀과 기도로 양육하여,

이 자녀가 온전한 주의 일꾼으로 쓰임 받게 하옵소서.

우리 주 예수 그리스도의 이름으로 기도합니다. 아멘.

촛불 붙이기 / 부모

(준비된 생일 케이크에 불을 붙인다.)

축하의 노래 / 다함께

(생일 축하 노래를 한다.)

촛불 끄기 / 아이와 부모

(불을 끄면 축하하는 사람들은 축복의 박수를 친다.)

감사의 말 / 부모 중에 한 사람

찬 송 564장(통 299장) 예수께서 오실 때에 / 다함께

1. 예수께서 오실 때에 그 귀중한 보배
   하나라도 남김없이 다 찾으시리
2. 정한 보배 빛난 보배 주 예수의 보배
   하늘나라 두시려고 다 거두시리
3. 주를 사랑하는 아이 이 세상에 살 때
   주의 말씀 순종하면 참 보배로다
   (후렴) 샛별 같은 그 보배 면류관에 달려

반짝반짝 빛나게 비치리로다.

※ 참고 / 566장(통 301장), 570장(통 453장), 430장(통 456장)

축 도(혹은 주님의 기도) / 인도자(다같이)

(인도자가 목사가 아닐 경우에 주님의 기도로 마친다.)

생일 감사예배

인도 : 담임교역자

시작하는 말 / 인도자

하나님께서 ○○년 전에 ○○○를(을) 이 땅에 보내 주시고, 그동안 베풀어 주신 하나님의 은혜에 감사하는 마음으로 생일 감사예배를 드립니다.

조용한 기도 / 다함께

(조용히 기도하는 중에 인도자는 요한삼서 1:2을 낭독한 후에 기원한다.)

사랑하는 자여

네 영혼이 잘됨 같이

네가 범사에 잘되고

강건하기를 내가 간구하노라. 아멘.

찬 송 28장(통 28장) 복의 근원 강림하사 / 다함께

1. 복의 근원 강림하사 찬송하게 하소서
   한량없이 자비하심 측량할 길 없도다
   천사들의 찬송가를 내게 가르치소서
   구속하신 그 사랑을 항상 찬송합니다
2. 주의 크신 도움 받아 이때까지 왔으니

이와 같이 천국에도 이르기를 바라네
하나님의 품을 떠나 죄에 빠진 우리를
예수 구원하시려고 보혈 흘려주셨네
3. 주의 귀한 은혜 받고 일생 빚진 자 되네
주의 은혜 사슬 되사 나를 주께 매소서
우리 맘은 연약하여 범죄하기 쉬우니
하나님이 받으시고 천국인을 치소서. 아멘.

※ 참고 / 23장(통 23장), 566장(통 301장), 563장(통 411장)
　　　　569장(통 442장), 301장(통 460장)

기 도 / 맡은이

인생을 주관하시고 섭리하시는 하나님 아버지,
○○○를(을) 이 세상에 태어나게 하시고
이제까지 주님의 사랑으로 인도해 주심을 감사합니다.
우리가 생명을 주신 하나님의 뜻을 헤아려 알게 하시고,
주님의 은혜에 감사하는 마음으로 응답하며 살게 하여 주옵소서.
생일을 맞이한 ○○○에게
부모와 형제자매의 사랑을 체험하게 하사,
가족과 더불어 행복의 열매를 풍성히 맺는 삶이 되게 하옵소서.
또한 ○○○가(이) 앞으로의 삶 속에서도
언제나 하나님께서 인도하시는 구원의 날개 아래 거하게 하시며,
주님의 도우심 가운데 맡겨 주신 사명을
온전히 감당할 수 있도록 끝까지 동행하옵소서.
생명의 근원이신 예수 그리스도의 이름으로 기도합니다. 아멘.

성경봉독 (시편 1:1~6) / 맡은이

　복 있는 사람은 악인들의 꾀를 따르지 아니하며 죄인들의 길에 서지 아니하며 오만한 자들의 자리에 앉지 아니하고 오직 여호와의 율법을 즐거워하여 그의 율법을 주야로 묵상하는도다 그는 시냇가에 심은 나무가 철을 따라 열매를 맺으며 그 잎사귀가 마르지 아니함 같으니 그가 하는 모든 일이 다 형통하리로다 악인들은 그렇지 아니함이여 오직 바람에 나는 겨와 같도다 그러므로 악인들은 심판을 견디지 못하며 죄인들이 의인들의 모임에 들지 못하리로다 무릇 의인들의 길은 여호와께서 인정하시나 악인들의 길은 망하리로다

　(참고 / 욥기 1:4~5; 시편 23:1~6; 요한복음 3:3~6, 16; 에베소서 5:15~21; 데살로니가후서 2:13~17)

말씀선포 / 맡은이

기　도 / 인도자

　사랑과 은혜의 하나님 아버지,

　우리가 ○○○를(을) 통하여 주님의 은혜를 깨닫게 하시고,

　기쁨과 사랑이 넘치게 하시니 감사합니다.

　에벤에셀의 하나님 아버지,

　○○○에게 여호와이레가 되어 주사,

　건강하고 안전한 하루하루가 되게 언제나 동행하여 주옵소서.

　○○○(이)가 평생토록 주님의 인도하심 가운데

　건강과 지혜와 믿음으로 자라게 하시고,

하나님이 원하시는 뜻을 따라
맡겨진 사명을 이룰 수 있도록 인도하옵소서.
우리 주 예수 그리스도의 이름으로 기도합니다. 아멘.

촛불붙이기와 케이크 자르기 / 생일을 맞이한 사람
(케이크의 초에 불을 붙이고 축하노래를 부른 후에 케이크를 자른다.)

찬 송 430장(통 456장) 주와 같이 길 가는 것 / 다함께
　1. 주와 같이 길 가는 것 즐거운 일 아닌가
　　 우리 주님 걸어가신 발자취를 밟겠네
　2. 어린 아이 같은 우리 미련하고 약하나
　　 주의 손에 이끌리어 생명 길로 가겠네
　3. 꽃이 피는 들판이나 험한 골짜기라도
　　 주가 인도하는 대로 주와 같이 가겠네
　4. 옛 선지자 에녹같이 우리들도 천국에
　　 들려 올라갈 때까지 주와 같이 걷겠네
　(후렴) 한 걸음 한 걸음 주 예수와 함께
　　　 날마다 날마다 우리 걸어 가리.
　※ 참고 / 564장(통 299장), 565장(통 300장), 384장(통 434장),
　　　 570장(통 453장)

축 도(혹은 주님의 기도) / 인도자(다같이)
(인도자가 목사가 아닐 경우에 주님의 기도로 마친다.)

장수(회갑, 칠순, 팔순) 감사예배

(I부는 예배, II부는 약력소개, 축사, 축가 등의 축하순서를 갖는다.)

인도 : 담임교역자

I부. 예배

시작하는 말 / 인도자

　이제, ○○○(장로, 권사, 집사, 성도)님의 회갑(칠순, 팔순)을 맞이하여, 감사예배를 드립니다.

조용한 기도 / 다함께

(조용히 기도하는 중에 인도자는 시편 23:1~6을 낭독한 후 기원한다.)

　여호와는 나의 목자시니 내게 부족함이 없으리로다 그가 나를 푸른 풀밭에 누이시며 쉴 만한 물 가로 인도하시는도다 내 영혼을 소생시키시고 자기 이름을 위하여 의의 길로 인도하시는도다 내가 사망의 음침한 골짜기로 다닐지라도 해를 두려워하지 않을 것은 주께서 나와 함께 하심이라 주의 지팡이와 막대기가 나를 안위하시나이다 주께서 내 원수의 목전에서 내게 상을 차려 주시고 기름을 내 머리에 부으셨으니 내 잔이 넘치나이다 내 평생에 선하심과 인자하심이 반드시 나를 따르리니 내가 여호와의 집에 영원히 살리로다. 아멘.

찬 송 301장(통 460장) 지금까지 지내온 것 / 인도자

1. 지금까지 지내온 것 주의 크신 은혜라
   한이 없는 주의 사랑 어찌 이루 말하랴
   자나 깨나 주의 손이 항상 살펴 주시고
   모든 일을 주 안에서 형통하게 하시네
2. 몸도 맘도 연약하나 새 힘 받아 살았네
   물 붓듯이 부으시는 주의 은혜 족하다
   사랑 없는 거리에나 험한 산길 헤맬 때
   주의 손을 굳게 잡고 찬송하며 가리라
3. 주님 다시 뵈올 날이 날로 날로 다가와
   무거운 짐 주께 맡겨 벗을 날도 멀잖네
   나를 위해 예비하신 고향 집에 돌아가
   아버지의 품 안에서 영원토록 살리라.

※ 참고 / 28장(통 28장), 559장(통 305장), 354장(통 394장)
　　　　304장(통 404장), 370장(통 455장)

기 도 / 맡은이

사랑과 은혜가 충만하신 하나님 아버지,
○○년 전 ○○○(장로, 권사, 집사, 성도)를
이 땅에 보내 주시고 지금까지 기쁠 때에나 슬플 때에나,
평안할 때에나 어려울 때에나

크신 은총과 사랑으로 인도해 주심을 감사드립니다.

앞으로 남은 생에도

○○○(장로, 권사, 집사, 성도)와 동행하여 주시고,

주님의 은혜로 인도하옵소서.

주님께서는 우리의 연수가 칠십이요 강건하면 팔십이라도

그 연수의 자랑은 수고와 슬픔뿐이라고 말씀하셨습니다.

그러나 예수님을 통한 영생의 소망 가운데

기쁨과 감사의 삶으로 인도하여 주신 줄로 믿사오니,

○○○(장로, 권사, 집사, 성도)에게

더욱 굳건한 믿음과 소망으로 채우셔서,

자자손손이 믿음의 열매를 맺어가는 복된 가문이 되게 하옵소서.

또한 남은 생 위에 영육 간에 강건함을 허락하사,

자녀들과 성도에게 믿음의 모범을 보이게 하시고,

주님께서 맡겨 주신 사명을

온전히 감당하여 유종의 미를 거두는 삶이 되게 하옵소서.

우리 주 예수 그리스도의 이름으로 기도합니다. 아멘.

성경봉독 (시편 121:1~8) / 인도자

내가 산을 향하여 눈을 들리라 나의 도움이 어디서 올까 나의 도움은 천지를 지으신 여호와에게서로다 여호와께서 너를 실족하지 아니하게 하시며 너를 지키시는 이가 졸지 아니하시리로다 이스라엘을 지키시는 이는 졸지도 아니하시고 주무시지도 아니하시리로다 여호와는 너를 지키시는 이시라 여호와께서 네 오른쪽에서 네 그늘이 되시나니 낮의 해가 너를 상하게 하지 아니하며 밤의 달도

너를 해치지 아니하리로다 여호와께서 너를 지켜 모든 환난을 면하게 하시며 또 네 영혼을 지키시리로다 여호와께서 너의 출입을 지금부터 영원까지 지키시리로다

(참고 / 시편 1:1~3; 7:1~5; 9:1~17; 128:1~5; 에베소서 4:13~15; 창세기 47:7~10)

말씀선포 / 인도자

기 도 / 인도자

　　인간의 생사화복을 주관하시는 하나님 아버지,
　　이 시간 ○○○(장로, 권사, 집사, 성도)를 통하여
　　주님의 은혜를 깨닫게 하시고,
　　한 믿음과 한 소망 안에서
　　귀한 사랑을 나누게 하심을 감사합니다.
　　오늘 ○○○(장로, 권사, 집사, 성도)의
　　회갑(칠순, 팔순)을 맞이하여
　　지금까지 베풀어 주신 은혜와 사랑에 감사하며
　　주님께 모든 영광과 찬양을 돌립니다.
　　이제 노년의 나이에도 하나님께서
　　○○○(장로, 권사, 집사, 성도)와 늘 동행하여 주시기를
　　간절히 원합니다.
　　하나님 앞에 부름 받는 그 순간까지 더욱 영육 간에 강건함으로
　　지켜 주사,
　　복되고 평안한 삶으로 인도하옵소서.

또한 끊임없이 자손들을 위해 기도하게 하사,

○○○(장로, 권사, 집사, 성도)의 남은 생이

믿음의 후손들을 통하여 더욱 보람 있게 하옵소서.

특별히 ○○○(장로, 권사, 집사, 성도)의 마음속에

하나님 나라를 소망하게 하시고,

언제나 영생을 준비하는 믿음으로 살게 하사,

하늘의 유업을 얻는 삶이 될 수 있도록 인도하옵소서.

우리 주 예수 그리스도의 이름으로 기도합니다. 아멘.

II부. 축 하

약력소개 / 가족대표

(회갑, 칠순, 팔순을 맞이한 이의 출생, 부모·형제, 결혼, 자녀, 경력, 학력, 신앙경력, 교회봉사 등을 소개한다.)

회갑(칠순, 팔순) 당사자에게 부탁드릴 말씀 / 맡은이

찬양 혹은 가족합창 / 맡은이

예물 증정 / 가족대표

(증정할 예물이 많아 시간이 오래 걸릴 경우라면, 케이크를 자른 후로 순서를 옮겨, 따로 사회자를 두어 질서 있게 진행할 수 있다.)

감사의 인사 / 본인 혹은 가족

알리는 말씀 / 가족대표

찬 송 435장(통 492장) 나의 영원하신 기업 / 다함께
  1. 나의 영원하신 기업 생명보다 귀하다
     나의 갈 길 다 가도록 나와 동행하소서
  2. 세상 부귀 안일함과 모든 명예 버리고
     험한 길을 가는 동안 나와 동행하소서
  3. 어둔 골짝 지나가며 험한 바다 건너서
     천국 문에 이르도록 나와 동행하소서
  (후렴) 주께로 가까이 주께로 가오니
         나의 갈 길 다 가도록 나와 동행하소서. 아멘.
  ※ 참고 / 95장(통 82장), 301장(통 460장), 통 459장

축 도(혹은 주님의 기도) / 인도자(다같이)
(인도자가 목사가 아닐 경우에 주님의 기도로 마친다.)

케이크 자르기 / 회갑을 맞이한 이
(맏아들 내외가 불을 켜고, 회갑을 맞이한 이(혹은 내외)가 끄게 한 다음,
회갑 당사자가 케이크를 자른다.)

감사기도 / 맡은이
(음식을 나누기 전에 인도자나 참석한 내빈 중에서 한다.)

성인예식

집례 : 담임교역자

시작하는 말 / 집례자

(만 19세가 된 사람을 미리 앞으로 나오게 한 후 집례자는 다음과 같이
시작한다.)

　사랑하는 성도 여러분, 하나님께서 여기에 서 있는 ○○○, ○○
○, ○○○를(을) 어엿한 성인으로 성장시켜 주셨습니다. 이제 하나
님의 은혜에 감사하는 마음으로 성인예식을 거행합니다.

찬　송 574장(통 303장) 가슴마다 파도친다 / 다함께

　1. 가슴마다 파도친다 우리들의 젊은이
　　눈동자에 어리운다 우리들의 푸른 꿈
　　주의 말씀 주의 행함 길과 진리 되시니
　　우리 평생 한결같이 주만 따라 살리라
　2. 하늘같이 높푸르자 우리들의 젊은이
　　바다같이 넓고 깊자 우리들의 사랑이
　　우리들은 주의 자녀 부름 받은 한 형제
　　몸과 마음 다 바쳐서 주 뜻대로 살리라
　3. 화산같이 타오르자 우리들의 젊은이

폭포같이 줄기차자 우리들의 붉은 피
할 일 많은 이 나라에 우리 태어났으니
복음 들고 앞장서서 충성되게 일하자
4. 대지같이 광활하자 우리들의 젊은이
산과 같이 우람하자 우리들의 기상이
십자가를 높이 들고 노래하며 나가자
하늘 뜻이 이 땅 위에 이루어질 때까지. 아멘.

※ 참고 / 566장(통 301장)

기 도 / 맡은이

인생을 주관하시는 하나님 아버지,
우리의 자녀가(들이) 19세 성인이 되도록
오늘까지 사랑과 은혜로 인도하여 주심을 감사합니다.
아름답게 성장한 우리 자녀가(들이) 하나님 말씀에 순종하며,
믿음의 기초 위에 모든 덕을 더하여
예수 그리스도의 장성한 분량에 이르기까지
성숙한 신앙인이 되게 하옵소서.
이제 성인이 된 이가(들이) 새로운 마음으로 결심하여,
젊은 세월을 아껴 하나님만을 경외하며
이웃을 섬기는 복된 삶을 살아가게 하옵소서.
우리 주 예수 그리스도의 이름으로 기도합니다. 아멘.

성경봉독 (히브리서 12:1~2) / 맡은이

이러므로 우리에게 구름 같이 둘러싼 허다한 증인들이 있으니

모든 무거운 것과 얽매이기 쉬운 죄를 벗어 버리고 인내로써 우리 앞에 당한 경주를 하며 믿음의 주요 또 온전하게 하시는 이인 예수를 바라보자 그는 그 앞에 있는 기쁨을 위하여 십자가를 참으사 부끄러움을 개의치 아니하시더니 하나님 보좌 우편에 앉으셨느니라

　(참고 / 에베소서 4:13~16; 베드로후서 1:3~11)

말씀선포 / 맡은이

(다른 예배 순서 중에 행할 때에는 생략한다.)

신앙의 확인 / 집례자와 성인이 된 청년(들)

(신앙의 확인 부분은 미리 인쇄한 것을 성인이 된 청년(들)에게 나누어 읽게 한다.)

집례자 : 성인예식을 행하며, 당신(여러분)의 믿음을 하나님과 모든 성도 앞에서 진실된 마음으로 고백하시기 바랍니다.

집례자 : 당신(여러분)은 성부 성자 성령의 삼위일체이신 하나님을 믿고, 그분만을 섬기기로 결심하였습니까?

청년(들) : 아멘.(혹은 "예, 결심하였습니다."로 대답한다.)

집례자 : 당신(여러분)은 성인으로서 가정과 교회와 사회에서 맡은 바 책임을 다하겠습니까?

청년(들) : 아멘.(혹은 "예, 다하겠습니다."로 대답한다.)

결심의 고백 / 성인이 된 청년(들)

(결심의 고백 부분은 미리 인쇄하여 주어 성인이 된 청년(들)이 나누어 읽게 한다.)

생명의 근원이 되시고
제가(우리가) 오늘의 성년에 이르기까지 자라게 하신 하나님,
예수 그리스도를 통해 하나님을 만나게 하셨으니,
이제 예수님처럼 하나님과 이웃을 사랑하고 섬기는 일에
제(우리) 모든 삶을 드리겠습니다. 아멘.

기 도 / 집례자

전능하신 하나님 아버지,
오늘 성인이 되어 자신의 삶을 하나님께 헌신하는 청년(들)에게
성령의 은혜로 충만히 채워 주옵소서.
이 청년이(들이) 하나님과 이웃을 사랑으로 섬기게 하시고,
기쁨으로 주님의 일을 하게 하시며,
고난 중에도 믿음으로 인내하게 하옵소서.
특별히 믿음의 기초 위에 모든 덕을 더하여
예수 그리스도의 장성한 분량에 이르기까지 성장하도록
인도하여 주시기를 원합니다.
어떠한 유혹과 시험 가운데에서도
믿음의 신실함을 지키게 하시고,
모든 일에 절제하는 삶을 살게 하사
하나님이 주신 시간을 선용하며
주님의 뜻 안에서 인생의 목적을 발견하여

하나님께 영광을 돌리는 삶으로 인도하옵소서.

또한 이 청년이(들이)

이 세상에서 뱀같이 지혜롭고 비둘기같이 순결하여

언제나 승리하는 삶을 살게 하시기를 간절히 원하오며,

우리 주 예수 그리스도의 이름으로 기도합니다. 아멘.

성인인사 / 성인이 된 청년(들)

(집례자는 해당자를 호명한다. 해당자는 성단을 바라보고 횡대로 서서
집례자에게 인사를 한 다음에 돌아서서 회중을 바라본다.)

집례자 : 사랑하는 성도 여러분, 오늘 어엿한 성인이 되어 하나님께
　　　　헌신하는 이 청년(들)을 환영하며 박수로 축하해 주시기
　　　　바랍니다.

(당사자는(들은) 회중에게 정중하게 인사를 하고 회중은 박수로 환영한
다. 집례자는 부모를 앞으로 나오게 하며 성인이 된 자녀의 손을 맞잡게
한 후에 다음과 같이 기도한다.)

집례자 : 사랑과 은혜가 무한하신 하나님 아버지, 주님께서 허락하
　　　　신 자녀가(들이) 믿음으로 성장하여 어엿한 성인이 되게
　　　　하심을 감사드립니다. 앞으로 이 청년이(들이) 주님께서
　　　　자신에게 맡겨 주신 비전과 사명을 잘 감당할 수 있도록
　　　　인도하옵소서. 우리 주 예수 그리스도의 이름으로 기도합
　　　　니다. 아멘.

선물증정 / 맡은이

  (교회, 부모, 친지가 준비한 화환과 선물, 기념품을 전달한다.)

찬 양 / 맡은이

감사의 인사 / 해당자 중에 맡은이

알리는 말씀 / 집례자

찬 송 213장(통 348장) 나의 생명 드리니 / 다함께

  1. 나의 생명 드리니 주여 받아 주셔서
    세상 살아 갈 동안 찬송하게 하소서
  2. 손과 발을 드리니 주여 받아 주셔서
    주의 일을 위하여 민첩하게 하소서
  3. 나의 음성 드리니 주여 받아 주셔서
    주의 진리 말씀만 전파하게 하소서
  4. 나의 보화 드리니 주여 받아 주셔서
    하늘나라 위하여 주 뜻대로 쓰소서
  5. 나의 시간 드리니 주여 받아 주셔서
    평생토록 주 위해 봉사하게 하소서. 아멘.

축 도(혹은 주님의 기도) / 집례자(다같이)

(집례자가 목사가 아닐 경우에 주님의 기도로 마친다.)

주택과 생업

주택 기공예식

인도 : 담임교역자

시작하는 말 / 인도자

   사랑하는 성도 여러분,

   우리는 하나님의 뜻 안에서 이 건물의 기공을 위해 모였습니다.

   이제 이 건물을 지을 수 있도록 인도해 주신

   하나님께 감사하는 마음으로 기공예식을 거행합니다.

찬 송 204장(통 379장) 주의 말씀 듣고서 / 다함께

   1. 주의 말씀 듣고서 준행하는 자는

     반석 위에 터 닦고 집을 지음 같아

     비가 오고 물 나며 바람 부딪쳐도

     반석 위에 세운 집 무너지지 않네

   2. 주의 말씀 듣고도 행치 않는 자는

     모래 위에 터 닦고 집을 지음 같아

     비가 오고 물 나며 바람 부딪칠 때

모래 위에 세운 집 크게 무너지네

3. 세상 모든 사람들 집을 짓는 자니

반석 위가 아니면 모래 위에 짓네

우리 구주 오셔서 지은 상을 줄 때

세운 공로 따라서 영영 상벌 주리

(후렴) 잘 짓고 잘 짓세 우리 집 잘 짓세

만세 반석 위에다 우리 집 잘 짓세.

※ 참고 / 310장(통 410장)

기 도 / 맡은이

우리의 반석이 되시는 하나님 아버지,

주님께서 우리에게 ○ ○ ○를(을) 건축할 수 있도록

은혜주심을 감사합니다.

이 일이 하나님께는 영광이요,

우리에게는 큰 기쁨이 되게 하여 주옵소서.

이제 하나님의 도우심으로 모든 공사가 안전하게 진행되어

설계와 목적에 맞는 튼튼한 건물로 세워지게 하옵소서.

특별히 완공할 때까지 이 건물을 짓는 모든 이와 함께 해 주사,

건축의 과정 중에 하나님의 도우심을 체험하게 하옵소서.

예수 그리스도의 이름으로 기도합니다. 아멘.

성경봉독(마태복음 7:24~27) / 맡은이

그러므로 누구든지 나의 이 말을 듣고 행하는 자는 그 집을 반석 위에 지은 지혜로운 사람 같으리니 비가 내리고 창수가 나고 바람

이 불어 그 집에 부딪치되 무너지지 아니하나니 이는 주추를 반석 위에 놓은 까닭이요 나의 이 말을 듣고 행하지 아니하는 자는 그 집을 모래 위에 지은 어리석은 사람 같으리니 비가 내리고 창수가 나고 바람이 불어 그 집에 부딪치매 무너져 그 무너짐이 심하니라

(참고 / 시편 127:1~5; 고린도전서 3:12~15; 에베소서 2:20~22)

말씀선포 / 인도자

찬 양 / 맡은이(형편에 따라 생략할 수 있다.)

건축개요 설명 / 맡은이
(상황에 따라 설계자, 시공자, 감독을 소개할 수 있고 축사도 할 수 있다. 그러나 식의 흐름이 깨지지 않게 넣어야 한다.)

기 공 / 맡은이들
(기공을 위하여 미리 선정된 이들이 흙을 쌓아둔 장소에 둘러서서 삽을 잡고 기도한 다음, 흙을 한 삽씩 떠 넣는다. 비가 오거나 부득이한 사정으로 공사할 곳이 아닌 곳에서 식을 행할 경우에는 축도 뒤에 순서를 둘 수 있다. 이때는 흙을 쌓아둔 곳으로 가서 무지개 약속의 상징인 칠색 리본테이프를 끊고 첫 삽을 뜬다.)

찬 송 383장(통 433장) 눈을 들어 산을 보니 / 다함께
　1. 눈을 들어 산을 보니 도움 어디서 오나
　　천지 지은 주 하나님 나를 도와주시네

나의 발이 실족않게 주가 깨어 지키며
택한 백성 항상 지켜 길이 보호하시네
2. 도우시는 하나님이 네게 그늘 되시니
낮의 해와 밤의 달이 너를 상치 않겠네
네게 화를 주지 않고 혼을 보호하시며
너의 출입 지금부터 영영 인도하시리. 아멘.

축 도(혹은 주님의 기도) / 인도자(다같이)

(인도자가 목사가 아닐 경우에 주님의 기도로 마친다.)

주택 정초예식

시작하는 말 / 인도자

　사랑하는 성도 여러분, 우리는 하나님의 뜻 안에서
　이 건물의 머릿돌을 놓기 위해 모였습니다. 이 건물을 완공하기
까지 주님께서 함께하사 도와주시기를 간구하는 마음으로 정초예
식을 거행합니다.

찬　송 204장(통 379장) 주의 말씀 듣고서 / 다함께

　1. 주의 말씀 듣고서 준행하는 자는
　　　반석 위에 터 닦고 집을 지음 같아
　　　비가 오고 물 나며 바람 부딪쳐도
　　　반석 위에 세운 집 무너지지 않네
　2. 주의 말씀 듣고도 행치 않는 자는
　　　모래 위에 터 닦고 집을 지음 같아
　　　비가 오고 물 나며 바람 부딪칠 때
　　　모래 위에 세운 집 크게 무너지네
　3. 세상 모든 사람들 집을 짓는 자니
　　　반석 위가 아니면 모래 위에 짓네
　　　우리 구주 오셔서 지은 상을 줄 때

세운 공로 따라서 영영 상벌 주리
(후렴) 잘 짓고 잘 짓세 우리 집 잘 짓세
만세 반석 위에다 우리 집 잘 짓세.

성경봉독(시편 127:1~5) / 맡은이

여호와께서 집을 세우지 아니하시면 세우는 자의 수고가 헛되며 여호와께서 성을 지키지 아니하시면 파수꾼의 깨어 있음이 헛되도다 너희가 일찍이 일어나고 늦게 누우며 수고의 떡을 먹음이 헛되도다 그러므로 여호와께서 그의 사랑하시는 자에게는 잠을 주시는도다 보라 자식들은 여호와의 기업이요 태의 열매는 그의 상급이로다 젊은 자의 자식은 장사의 수중의 화살 같으니 이것이 그의 화살통에 가득한 자는 복되도다 그들이 성문에서 그들의 원수와 담판할 때에 수치를 당하지 아니하리로다

(참고 / 마태복음 7:24~27; 골로새서 1:23; 에베소서 2:20)

말씀선포 / 맡은이

정 초 / 인도자

(인도자는 머릿돌 곁에 서고, 기념품을 담은 상자를 머릿돌 속에 넣은 다음, 아래와 같이 선언한다.)

성부와 성자와 성령의 이름으로 이 기초 위에 머릿돌을 놓습니다.

예수 그리스도께서 우리 믿는 이들의 반석이 되신 것처럼 이 기초가 반석이 되기를 축원합니다. 아멘.

기 도 / 맡은이

우리의 반석이 되시는 하나님 아버지,

이 건물을 지을 수 있도록 인도해 주신

주님의 은혜를 감사드립니다.

우리가 믿음으로 정초하였사오니,

건물을 짓는 모든 이에게 복을 내려 주시고

언제나 하나님의 도우심 가운데 이 일을 감당하게 하옵소서.

이 건물이 완공되어 ○○○의 목적으로 사용되도록

인도하여 주시고, 이 돌이 건물의 머릿돌이 된 것처럼

주님께서 이 가정의 머릿돌이 되어 주시기를 간절히 원합니다.

우리 주 예수 그리스도의 이름으로 기도합니다. 아멘.

공사보고 / 맡은이

건물주에게 부탁할 말씀 / 맡은이(형편에 따라 생략할 수도 있다.)

찬 송 559장(통 305장) 사철에 봄바람 불어 잇고 / 다함께

1. 사철에 봄바람 불어 잇고 하나님 아버지 모셨으니

   믿음의 반석도 든든하다 우리 집 즐거운 동산이라

2. 어버이 우리를 고이시고 동기들 사랑에 뭉쳐 있고

   기쁨과 설움도 같이 하니 한간의 초가도 천국이라

3. 아침과 저녁에 수고하여 다같이 일하는 온 식구가

   한상에 둘러서 먹고 마셔 여기가 우리의 낙원이라

   (후렴) 고마워라 임마누엘 예수만 섬기는 우리 집

고마워라 임마누엘 복되고 즐거운 하루하루.

축　도(혹은 주님의 기도) / 인도자(다같이)
(인도자가 목사가 아닐 경우에 주님의 기도로 마친다.)

주택 상량예식

인도 : 담임교역자

시작하는 말 / 인도자

　사랑하는 성도 여러분, 우리는 하나님의 뜻 안에서 이 건물의 상량을 위해 모였습니다. 이 건물의 주인이신 하나님의 도우심을 간구하는 마음으로 상량예식을 거행합니다.

찬　송 310장(통 410장) 아 하나님의 은혜로 / 다함께

　1. 아 하나님의 은혜로 이 쓸데없는 자
　　왜 구속하여 주는지 난 알 수 없도다
　2. 왜 내게 굳센 믿음과 또 복음 주셔서
　　내 맘이 항상 편한지 난 알 수 없도다
　3. 왜 내게 성령 주셔서 내 맘을 감동해
　　주 예수 믿게 하는지 난 알 수 없도다
　4. 주 언제 강림하실지 혹 밤에 혹 낮에
　　또 주님 만날 그곳도 난 알 수 없도다
　(후렴) 내가 믿고 또 의지함은 내 모든 형편 아시는 주님
　　　늘 보호해 주실 것을 나는 확실히 아네.

기　도 / 맡은이

세상만물의 주인이신 하나님 아버지,
하나님께서 이 건물의 기공과 함께
상량에도 함께하심을 감사합니다.
이제 마룻대를 올리는 우리의 마음이
이 건물을 완공할 때까지 하나님의 도우심을 의지하게 하시고,
기쁨으로 준공하여 하나님께 영광을 돌리게 하옵소서.
이 건물을 짓는 모든 이의 건강과 안전을 지켜 주시고,
공사의 전 과정 중에 주님의 인도하심을 체험하게 하옵소서.
예수 그리스도의 이름으로 기도합니다. 아멘.

성경봉독 (시편 91:9~11) / 맡은이

　네가 말하기를 여호와는 나의 피난처시라 하고 지존자를 너의
거처로 삼았으므로 화가 네게 미치지 못하며 재앙이 네 장막에 가
까이 오지 못하리니 그가 너를 위하여 그의 천사들을 명령하사 네
모든 길에서 너를 지키게 하심이라.

　(참고 / 베드로전서 2:4~8; 시편 65:4; 128:1~4)

말씀선포 / 맡은이

건축보고 / 맡은이

(건축의 진척상황과 앞으로 해야 할 일정을 짧게 보고한다.)

상　량 / 맡은이들

(인도자와 건축주, 관계자들이 들보를 들어 올려서 자리에 완전히 고정

한다. 이때 찬양이나 반주가 있으면 좋다.)

선 언 / 인도자(상량 순서가 끝남과 동시에 아래와 같이 선언한다.)
　　○○ 집(건물)의 상량을 마쳤음을
　　내가 성부와 성자와 성령의 이름으로 선언합니다. 아멘.

찬 송 204장(통 379장) 주의 말씀 듣고서 / 다함께
　1. 주의 말씀 듣고서 준행하는 자는
　　　반석 위에 터 닦고 집을 지음 같아
　　　비가 오고 물 나며 바람 부딪쳐도
　　　반석 위에 세운 집 무너지지 않네
　2. 주의 말씀 듣고도 행치 않는 자는
　　　모래 위에 터 닦고 집을 지음 같아
　　　비가 오고 물 나며 바람 부딪칠 때
　　　모래 위에 세운 집 크게 무너지네
　3. 세상 모든 사람들 집을 짓는 자니
　　　반석 위가 아니면 모래 위에 짓네
　　　우리 구주 오셔서 지은 상을 줄 때
　　　세운 공로 따라서 영영 상벌 주리
　(후렴) 잘 짓고 잘 짓세 우리 집 잘 짓세
　　　만세 반석 위에다 우리 집 잘 짓세.

축 도(혹은 주님의 기도) / 인도자(다같이)
(인도자가 목사가 아닐 경우에 주님의 기도로 마친다.)

주택 준공예식

시작하는 말 / 인도자

사랑하는 성도 여러분, 우리는 하나님의 뜻 안에서
이 건물을 준공하기 위해 모였습니다. 이 건물이 완공되기까지
인도해 주신 하나님의 은혜에 감사하는 마음으로 준공예식을 거행
합니다.

찬 송 370장(통 455장) 주 안에 있는 나에게 / 다함께

1. 주 안에 있는 나에게 딴 근심 있으랴
   십자가 밑에 나아가 내 짐을 풀었네
2. 그 두려움이 변하여 내 기도 되었고
   전날의 한숨 변하여 내 노래되었네
3. 내 주는 자비하셔서 늘 함께 계시고
   내 궁핍함을 아시고 늘 채워 주시네
4. 내 주와 맺은 언약은 영 불변하시니
   그 나라 가기까지는 늘 보호하시네
   (후렴) 주님을 찬송하면서 할렐루야 할렐루야
   　　　내 앞길 멀고 험해도 나 주님만 따라가리.

※ 참고 / 310장(통 410장), 301장(통 460장)

기 도 / 맡은이

만물의 주인이 되시며,

인생의 시작과 끝을 주관하시는 하나님 아버지,

하나님께서 이 건물을 기공하여 완공할 때까지

여러 가지 어려운 여건 속에서도 인도해 주심을 감사드립니다.

이제 이 건물이 하나님의 영광을 위하여 선용되게 하시고,

이곳에 거하는 모든 이가 하늘의 복을 누리게 하옵소서.

또한 이곳에 드나드는 사람마다 주님의 평강을 얻게 하시고,

기쁨과 사랑이 넘치는 터전이 되게 하옵소서.

우리 주 예수 그리스도의 이름으로 기도합니다. 아멘.

성경봉독(시편 127:1~5) / 맡은이

여호와께서 집을 세우지 아니하시면 세우는 자의 수고가 헛되며 여호와께서 성을 지키지 아니하시면 파수꾼의 깨어 있음이 헛되도다 너희가 일찍이 일어나고 늦게 누우며 수고의 떡을 먹음이 헛되도다 그러므로 여호와께서 그의 사랑하시는 자에게는 잠을 주시는도다 보라 자식들은 여호와의 기업이요 태의 열매는 그의 상급이로다 젊은 자의 자식은 장사의 수중의 화살 같으니 이것이 그의 화살통에 가득한 자는 복되도다 그들이 성문에서 그들의 원수와 담판할 때에 수치를 당하지 아니하리로다

(참고 / 시편 121:1~8; 고린도전서 10:31~33)

찬 양 / 맡은이(형편에 따라 생략할 수도 있다.)

말씀선포 / 맡은이

건축 경과 보고 / 맡은이

감사패 증정 / 건물주(설계자, 시공자, 감독 유공자에게 증정한다.)

건물주에게 부탁할 말씀 / 내빈 중에서

인사와 알리는 말씀 / 건물주 또는 맡은이

찬　송 통 459장 지금까지 지내 온 것 / 다함께
1. 지금까지 지내 온 것 주의 크신 은혜라
　 한이 없는 주의 사랑 어찌 이루 말하랴
　 자나 깨나 주의 손이 항상 살펴 주시고
　 모든 일을 주 안에서 형통하게 하시네
2. 몸도 맘도 연약하나 새 힘 받아 살았네
　 물 붓듯이 부으시는 주의 은혜 족하다
　 사랑 없는 거리에나 험한 산길 헤맬 때
　 주의 손을 굳게 잡고 찬송하며 가리라
3. 주님 다시 뵈올 날이 날로 날로 다가와
　 무거운 짐 주께 맡겨 벗을 날도 멀잖네
　 나를 위해 예비하신 고향 집에 돌아가
　 아버지의 품 안에서 영원토록 살리라.

※ 참고 / 23장(통 23장), 28장(통 28장)

축 도(혹은 주님의 기도) / 인도자(다같이)

(인도자가 목사가 아닐 경우에 주님의 기도로 마친다.)

주택 입주예식

인도 : 담임교역자

시작하는 말 / 인도자

사랑하는 성도 여러분, 우리는 하나님의 축복으로 이 건물의 입주를 축하하기 위해 모였습니다. 이제 새 건물에 입주를 허락하신 주님의 은혜에 감사하는 마음으로 입주예식을 거행합니다.

찬 송 430장(통 456장) 주와 같이 길 가는 것 / 다함께

1. 주와 같이 길 가는 것 즐거운 일 아닌가
   우리 주님 걸어가신 발자취를 밟겠네
2. 어린 아이 같은 우리 미련하고 약하나
   주의 손에 이끌리어 생명 길로 가겠네
3. 꽃이 피는 들판이나 험한 골짜기라도
   주가 인도하는 대로 주와 같이 가겠네
4. 옛 선지자 에녹같이 우리들도 천국에
   들려 올라갈 때까지 주와 같이 걷겠네
(후렴) 한 걸음 한 걸음 주 예수와 함께
   날마다 날마다 우리 걸어 가리.

※ 참고 / 383장(통 433장), 428장(통 488장)

기 도 / 맡은이

복의 근원이 되시는 하나님 아버지,

주님의 은혜로 새 건물(집)에 입주하게 하심을 감사합니다.

하나님께서 이 건물의 주인이 되사, 이곳에 함께하옵소서.

이 건물(집)에 사는 사람들이

하나님의 사랑과 복을 체험하게 하시고,

이곳에 드나드는 사람들에게도 주님의 평강으로 채워 주옵소서.

또한 이곳이 기쁨과 사랑이 넘치는 복된 터전이 되게 하여 주옵소서.

특별히 이곳에 살게 될 모든 이가

믿음의 삶에 최선을 다하여 하나님께 영광을 돌리게 하옵소서.

우리 주 예수 그리스도의 이름으로 기도합니다. 아멘.

성경봉독 (시편 128:1~6) / 맡은이

여호와를 경외하며 그의 길을 걷는 자마다 복이 있도다 네가 네 손이 수고한 대로 먹을 것이라 네가 복되고 형통하리로다 네 집 안방에 있는 네 아내는 결실한 포도나무 같으며 네 식탁에 둘러 앉은 자식들은 어린 감람나무 같으리로다 여호와를 경외하는 자는 이같이 복을 얻으리로다 여호와께서 시온에서 네게 복을 주실지어다 너는 평생에 예루살렘의 번영을 보며 네 자식의 자식을 볼지어다 이스라엘에게 평강이 있을지로다

(참고 / 창세기 13:14~18; 에베소서 1:3~6; 요한복음 10:1~5; 14:27)

찬 양 / 맡은이(형편에 따라 생략할 수도 있다.)

말씀선포 / 맡은이

건축 경과보고 / 맡은이

찬 송 408장(통 466장) 나 어느 곳에 있든지 / 다함께

 1. 나 어느 곳에 있든지 늘 맘이 편하다
    주 예수 주신 평안함 늘 충만하도다
 2. 내 맘에 솟는 영생수 한없이 흐르니
    목마름 다시 없으며 늘 평안하도다
 3. 참되신 주의 사랑을 형언치 못하네
    그 사랑 내 맘 여시고 소망을 주셨네
 4. 주 예수 온갖 고난을 왜 몸소 당했나
    주 함께 고난 받으면 면류관 얻겠네
 (후렴) 나의 맘속이 늘 평안해 나의 맘속이 늘 평안해
        악한 죄 파도가 많으나 맘이 늘 평안해.

 ※ 참고 / 441장(통 498장)

축 도(혹은 주님의 기도) / 인도자(다같이)
(인도자가 목사가 아닐 경우에 주님의 기도로 마친다.)

개업예식

인도 : 담임교역자

시작하는 말 / 인도자

　이제 사업(생업)을 시작할 수 있도록 인도하신 하나님의 은혜에
감사하는 마음으로, 개업예식을 거행합니다.

찬　송 28장(통 28장) 복의 근원 강림하사 / 다함께
　1. 복의 근원 강림하사 찬송하게 하소서
　　한량없이 자비하심 측량할 길 없도다
　　천사들의 찬송가를 내게 가르치소서
　　구속하신 그 사랑을 항상 찬송합니다
　2. 주의 크신 도움 받아 이때까지 왔으니
　　이와 같이 천국에도 이르기를 바라네
　　하나님의 품을 떠나 죄에 빠진 우리를
　　예수 구원 하시려고 보혈 흘려주셨네
　3. 주의 귀한 은혜 받고 일생 빚진 자 되네
　　주의 은혜 사슬 되사 나를 주께 매소서
　　우리 맘은 연약하여 범죄하기 쉬우니
　　하나님이 받으시고 천국인을 치소서. 아멘.

※ 참고 / 302장(통 408장), 419장(통 478장), 383장(통 433장)

384장(통 434장)

기 도 / 맡은이

만물을 주관하시는 하나님 아버지,

이 가정이 새 사업을 시작할 수 있도록

복 내려 주심을 감사합니다.

이 사업이 언제나 주님의 인도하심 속에,

하나님의 영광을 나타내게 하시고,

이 가정뿐만 아니라 이웃에게까지 유익을 주는 사업이 되게

하옵소서.

그리고 어떤 상황 속에서도 하나님의 말씀을 의지하고

순종함으로 창대해 지는 복을 얻게 하옵소서.

사업을 통하여 하나님의 뜻을 실현하며,

세상의 빛과 소금이 되게 하옵소서.

우리 주 예수 그리스도의 이름으로 기도합니다. 아멘.

성경봉독 (잠언 16:3) / 인도자

너의 행사를 여호와께 맡기라 그리하면 네가 경영하는 것이 이루어지리라.

(참고 / 창세기 13:1~13; 야고보서 4:13~17)

말씀선포 / 인도자

사업취지와 인사 / 개업주

찬　송 384장(통 434장) 나의 갈 길 다 가도록 / 다함께

　　1. 나의 갈 길 다 가도록 예수 인도하시니
　　　　내 주 안에 있는 긍휼 어찌 의심하리요
　　　　믿음으로 사는 자는 하늘 위로 받겠네
　　　　무슨 일을 만나든지 만사형통 하리라
　　　　무슨 일을 만나든지 만사형통 하리라

　　2. 나의 갈 길 다 가도록 예수 인도하시니
　　　　어려운 일 당한 때도 족한 은혜 주시네
　　　　나는 심히 고단하고 영혼 매우 갈하나
　　　　나의 앞에 반석에서 샘물 나게 하시네
　　　　나의 앞에 반석에서 샘물 나게 하시네

　　3. 나의 갈 길 다 가도록 예수 인도하시니
　　　　그의 사랑 어찌 큰지 말로 할 수 없도다
　　　　성령감화 받은 영혼 하늘나라 갈 때에
　　　　영영 부를 나의 찬송 예수 인도하셨네
　　　　영영 부를 나의 찬송 예수 인도하셨네. 아멘.

　※ 참고 / 302장(통 408장)

축　도(혹은 주님의 기도) / 인도자(다같이)
(인도자가 목사가 아닐 경우에 주님의 기도로 마친다.)

예 문 ¹ (개정판)

펴 낸 날 : 2006. 4. 1(1판 1쇄)
　　　　　2020. 1. 17(2판 6쇄)

펴 낸 이 : 전명구
편 집 인 : 한만철
엮 은 곳 : 예문연구위원회
펴 낸 곳 : 도서출판 kmc
　　　　　서울특별시 종로구 세종대로 149 감리회관 16층
　　　　　Tel. 02-399-2008　　Fax. 02-399-2085
　　　　　http://www.kmcpress.co.kr
　　　　　methpub@chol.com
등 　 록 : 제2-1607호(1993. 9. 4)

인 　 쇄 : 한일미디어

ISBN 978-89-8430-457-4
ISBN 978-89-8430-456-7(세트)　　값 10,000원